I0035713

LE PROCÈS D'ARNIM

L'auteur et les éditeurs déclarent réserver leurs droits de traduction et de reproduction à l'étranger.

Ce volume a été déposé au ministère de l'intérieur (section de la librairie) en mai 1875.

PARIS. — TYPOGRAPHIE DE E. PLON ET Cie, RUE GARANCIÈRE, 8.

LE
PROCÈS D'ARNIM

RECUEIL COMPLET

DES

DOCUMENTS POLITIQUES

ET AUTRES PIÈCES PRODUITES A L'AUDIENCE PUBLIQUE

TRADUIT DE L'ALLEMAND, ANNOTÉ ET MIS EN ORDRE

PAR

E. FIGUREY et D. CORBIER

——————

INTRODUCTION de M. J. VALFREY

PARIS

E. PLON et Cᵢᵉ, IMPRIMEURS-ÉDITEURS
RUE GARANCIÈRE, 10
—
1875
Tous droits réservés

INTRODUCTION

Le procès du comte d'Arnim a été, tout le monde le reconnaît, l'un des événements politiques les plus considérables de l'année 1874. La haute situation de l'accusé, la situation plus haute encore de ceux qui l'ont mis en jugement, et surtout la nature de l'affaire, tout a concouru à donner à ce procès un intérêt et un éclat exceptionnels. Il a donc paru utile de recueillir en un volume les pièces qui y ont figuré. Les juges de Berlin ont pu déclarer qu'elles ne constituaient pas des documents (*Urkunden*) ; la vérité est que l'histoire diplomatique de ces quatre dernières années est établie désormais sur des bases certaines et indiscutables, pour tout ce qui regarde les rapports de l'Allemagne avec la France, et que les révélations de l'avenir, quelles qu'elles soient, n'y ajouteront que très-peu de chose. En effet, on ne nous livre rien moins que la correspondance même du comte d'Arnim, ambassadeur d'Allemagne à Paris, et les instructions de son chef, le prince de Bismarck. Nous avons sous les yeux la pensée intime du cabinet de Berlin, prise sur le vif, exprimée en dehors de toute préoccupation étrangère et produite sans aucun des ménagements que commandent presque toujours les convenances interna-

tionales, dans des matières aussi délicates. On en cher-
cherait vainement l'équivalent dans les publications diplomatiques des gouvernements parlementaires. Ici, tout
est arrangé, tempéré, adouci de manière à éviter les
froissements et à exclure les fausses interprétations; là,
au contraire, on parle et on écrit en toute sincérité et à
cœur ouvert, comme des confidents sans témoins. Or,
c'est le recueil complet et exact de ces pièces que nous
offrons aujourd'hui au public, dans une traduction scru-
puleuse et établie sur les textes les mieux vérifiés et les
plus authentiques. Cette traduction comble, croyons-
nous, une lacune réelle, et, dans la forme où elle se
présente, elle a le mérite de faciliter au lecteur un jugement d'ensemble sur une correspondance politique, que
la plupart des journaux n'ont pu donner et faire lire que
par fragments isolés.

Nous demandons maintenant la permission d'exposer en quelques mots les enseignements qui se déga-
gent de ce mémorable procès. La presse française lui a
déjà consacré de nombreux articles; mais les partis ont
des exigences impitoyables, qui ne leur permettent ni de
s'oublier ni de se contenir. Ils ont donc cherché, avant
tout, dans le procès d'Arnim, de nouvelles armes pour
se combattre, et leurs polémiques sur ce sujet ont été
beaucoup plus inspirées par le besoin de défendre la
forme de gouvernement de leur choix, que par le désir
de rechercher et de mettre en lumière les côtés vraiment
curieux et instructifs d'une cause, qu'on est en droit
d'appeler dès à présent célèbre.

Le fond du procès est connu. On en trouvera l'his-

torique et les faits dans l'acte d'accusation. L'ex-ambassadeur d'Allemagne à Paris était prévenu d'avoir détourné
des archives de sa mission un certain nombre de pièces,
qui étaient la propriété de l'État. Nous devons dire que
la revendication de la chancellerie allemande sur ces
pièces était, selon nous, absolument légitime. Pas une
d'elles, croyons-nous, n'appartenait au comte d'Arnim,
même les plus personnelles et les plus confidentielles.
Notre droit public n'admet, à cet égard, ni distinction ni
équivoque, et, devant des tribunaux français, M. le
comte d'Arnim n'eût pas été condamné seulement pour
avoir troublé l'ordre public par ses détournements, il
l'eût été, avant tout, pour avoir fait sienne une propriété de l'État. On n'a qu'à relire le règlement que la
Commission des Archives diplomatiques du ministère des
Affaires étrangères a libellé en 1874, et qui a reçu la sanc-
tion d'un décret présidentiel, pour se convaincre que,
depuis Louis XIV jusqu'à nos jours, les droits du gouvernement français ont été, à cet égard, les mêmes sous tous
les régimes. Il n'y a donc qu'à reconnaître pleinement,
dans l'espèce, ceux du gouvernement impérial allemand.
A nos yeux du moins, l'intérêt, en vue duquel il a demandé des poursuites, ne souffre pas d'exception.

Ce point de doctrine établi, pénétrons un peu plus
avant dans le détail du procès.

Ce qui nous frappe tout d'abord, c'est la situation
qu'a pu prendre M. le comte d'Arnim vis-à-vis de son
chef hiérarchique, le prince de Bismarck, chancelier
de l'empire allemand. Les ambassadeurs occupent le
rang le plus élevé dans l'ordre diplomatique : ils ne

sont pas seulement des mandataires et des agents du
gouvernement, au nom duquel ils sont accrédités, ils
sont encore les représentants de la personne souveraine
qui les nomme. Mais tout le monde comprend que si
l'usage a prévalu de les établir dans une semblable situation, c'est pour assurer à leurs démarches et à leurs
actes toute l'autorité possible, et non pour leur permettre de jouer à l'étranger un rôle en opposition avec
les instructions du ministre des affaires étrangères, de
qui ils relèvent. Ces règles sont invariables; sans elles,
il n'y a pas de diplomatie.

Quel n'a donc pas été l'étonnement du public en con-
statant que la diplomatie allemande avait pu s'en affranchir, non sur un théâtre éloigné de l'action de Berlin et
du chancelier impérial, mais à Paris, au lendemain du
traité de Francfort et en pleine occupation de nos départements de l'Est, alors que les plus gros intérêts de
l'empire germanique s'agitaient, hélas! sur notre propre
territoire? Le gouvernement de l'empereur Guillaume
est le plus puissant qui se soit établi en Europe, depuis
Napoléon Ier; il est dirigé par un homme d'État d'une
incontestable valeur, qui a réussi a porter la fortune de
son pays, en dix ans, à des limites inespérées; la tradition gouvernementale n'est pas oblitérée en Prusse par
les ambitions et le mouvement révolutionnaires des partis; et cependant, l'ambassade d'Allemagne à Paris,
dans les conditions que nous venons de dire, a été,
pendant deux ans, aux mains d'un agent en rébellion
ouverte contre son chef, et il n'a fallu rien moins
qu'une attaque directe et publique de l'ambassadeur

contre son ministre, par la voie des·journaux, pour
mettre fin à cette situation anormale! Le prince de Bismarck est mille fois dans la vérité, lorsqu'il écrit aù
comte d'Arnim, le 20 décembre 1872 : « Aucun département ne comporte aussi peu que celui de la politique
étrangère une marche dirigée dans deux sens différents.
Il offrirait dans la politique le même danger qu'aurait à la guerre la conduite d'un général de brigade
donnant des plans d'opération en contradiction avec
ceux de son général de division. »

Jusqu'à quel point le comte d'Arnim poussait l'animosité et le persiflage contre le prince de Bismarck :
mille détails du procès le révèlent. Sur une des dépêches
du chancelier qui ont été lues aux débats, l'accusation
a relevé diverses notes marginales, écrites au courant
de la lecture par l'ambassadeur [1] ; l'hostilité entre
celui-ci et le chancelier y revêtait les formes les plus
acerbes et y prenait les tons les plus bizarres. Le 21 janvier 1874, le prince de Bismarck semble à bout de
forces, et il s'échappe en récriminations amères contre
le comte d'Arnim. Après lui avoir dit qu'il n'est pas un
ami de l'Empire, il ajoute :

« Je ne puis supprimer la remarque que je n'ai ni le temps
ni les forces pour continuer à me livrer à des polémiques par
voie de correspondance, comme j'y suis obligé depuis plus
d'une année, par la façon dont Votre Excellence rédige ses rapports. Si la correspondance avec les autres ambassadeurs de

---

[1] En voici un spécimen : *Encore des bavardages d'Edwin* (prénom
du général de Manteuffel). — *Pourquoi ne surveilles-tu pas mieux les
Cosaques?* (allusion aux journaux officieux inspirés par le bureau de la
presse à Berlin) etc...

Sa Majesté devait se mouvoir autour de semblables controverses, ma position et celle des ambassadeurs ne seraient plus
tenables. Pour continuer à être en état de diriger les affaires
que Sa Majesté m'a confiées, je dois exiger de tous ses agents
à l'étranger, même des plus haut placés, une plus large
mesure de souplesse pour mes instructions et une moindre mesure d'initiative indépendante et de fertilité, en vues politiques
personnelles, que Votre Excellence n'en a déployées jusqu'à
présent dans la base de ses rapports et de sa conduite officielle. »

On fouillera les archives de tous les ministères des
affaires étrangères d'Europe, on ne trouvera pas
d'exemple d'une pareille correspondance. Quand des
dissentiments graves s'élèvent entre un ministre et un
ambassadeur, le chef de l'État est mis en demeure res-
pectueusement par les deux adversaires de choisir entre
l'un ou l'autre; mais, à coup sûr, il n'était venu jusqu'ici à la pensée de personne de supposer qu'un
antagonisme de cette nature pût durer, ni qu'il pût se
concilier à un degré quelconque avec le bien de l'État.
D'où vient cependant qu'il s'est prolongé pendant près
de deux années, entre le prince de Bismarck et le comte
d'Arnim, au vu et au su de la cour d'Allemagne, et
même du monde diplomatique européen, qui ne l'ignorait pas autant qu'on le croit?

La presse officieuse allemande est souvent le porte-
voix de la politique du Chancelier, dans ce qu'elle a de
plus âpre et de plus implacable, mais elle est aussi quelquefois la confidente de ses amertumes. On en jugera
par l'extrait suivant d'une correspondance de Berlin, qui
a été publiée, au mois de décembre 1874, par la *Gazette
d'Augsbourg*. L'auteur de cette correspondance explique,

en homme qui les connaît bien et les voit probablement
de près, les difficultés du Chancelier vis-à-vis de l'empereur Guillaume, dans les questions de personnes.

« Avant tout, dit ce journal, on surfait le pouvoir de M. de Bismarck en ce qui concerne les nominations aux hautes dignités.
Pour obtenir le rappel d'un de ces hauts fonctionnaires, il ne
suffit pas que le prince en exprime le désir, il faut encore
qu'il puisse prouver à l'Empereur, avec la dernière évidence,
que ce fonctionnaire est absolument incapable de rendre les
services qu'on attendait de lui ou qu'il a ouvertement désobéi
aux ordres qui lui avaient été donnés; alors seulement Sa Majesté consent à ce qu'il soit révoqué. C'est là le cas, surtout
lorsqu'il s'agit d'hommes auxquels l'Empereur a depuis longtemps accordé sa confiance, son estime, voire même ses sympathies particulières. Ces remarques s'appliquent notamment
au service intérieur et à la diplomatie. Des faits qui se sont
passés pendant la dernière guerre prouvent d'ailleurs suffisamment que l'armée même ne fait pas exception. Cette hésitation
de l'Empereur de consentir à la révocation des serviteurs de
l'État provient, comme chacun sait, du sentiment de justice
dont Sa Majesté est animée. L'opposition de M. d'Arnim et
toute la conduite de ce diplomate, ont été du reste, dictées par
la présomption sans bornes qui caractérise encore aujourd'hui
le parti féodal. Les classes nobiliaires qui dominent tout l'entourage des membres de la maison régnante ne renonceront
pas de sitôt à la prétention de diriger exclusivement l'État;
voilà les écueils et les abîmes qui arrêtent à chaque pas la
marche en avant du hardi navigateur. »

En lisant ces lignes, où se révèle une expérience si
profonde et si complète des mœurs politiques de la
cour de Prusse, on croirait avoir sous les yeux un de
ces innombrables mémoires que Richelieu adressait à
Louis XIII, pour se plaindre de la confiance et de l'amitié dont le roi honorait les ennemis du cardinal, dans les-

quels celui-ci voyait, souvent avec raison, des ennemis de l'État. Sans insister davantage sur cette analogie, on peut dire cependant d'une façon générale que les difficultés que s'est créées le prince de Bismarck ont plus d'un point de ressemblance, par les déboires qu'elles lui suscitent, avec celles que le premier ministre du roi Louis XIII eut à surmonter pour assurer son autorité et maintenir son influence. Mais revenons au procès d'Arnim.

Voilà donc l'ambassadeur d'Allemagne à Paris et le Chancelier en lutte ouverte, et échangeant sur toutes les questions les dépêches les plus aigres. Le prince de Bismarck a sans doute essayé de mettre fin à cette situation irrégulière par le changement du comte d'Arnim; mais il n'a pu y réussir. Alors, il n'a plus eu qu'une pensée : annihiler l'influence personnelle de l'ambassadeur, et réduire ses attributions, en l'entourant de fonctionnaires hostiles qui, quoique placés sous ses ordres, ont le droit de correspondre directement avec Berlin.

Au premier rang, dans cette situation voulue par le prince chancelier, apparaît M. le baron de Holstein. C'est tout à fait à tort, nous nous empressons de le dire, que l'avocat de M. le comte d'Arnim a représenté M. de Holstein comme un homme susceptible d'avoir accepté, à l'égard de l'ex-ambassadeur, un rôle équivoque. Au contraire, M. de Holstein s'était posé hautement et publiquement en adversaire du comte d'Arnim. Mais il y a mieux : M. de Holstein semble avoir été d'autant plus à l'aise dans ce rôle, qu'il s'y sentait soutenu par le chancelier de l'Empire. A Berlin, l'ambassadeur et le secrétaire s'étant rencontrés, tous deux en congé, le second ne fit pas de visite au premier; de retour à Paris, quelques semaines plus tard, M. de Holstein se borna, vis-à-vis de son chef, aux rapports de service. Dans sa déposition du 14 décembre, M. de Holstein ajoute à ce propos :

« Je tins cette conduite uniquement pour montrer claire-ment que les relations entre l'ambassadeur et moi devaient cesser. J'offrais ainsi moi-même au comte, par mon manque de politesse, l'occasion de demander et d'obtenir facilement mon changement. Mes collègues trouvaient aussi que les choses ne pouvaient durer et me conseillaient de faire les visites, je leur répondis : « Non, plutôt être grossier qu'hypocrite! »

Très-bien ! Il n'était pas possible, en effet, à M. de Holstein d'afficher d'une façon plus ouverte ses dissen-timents avec M. d'Arnim, et son attitude à Paris, ses déclarations devant le Stadtgericht, répugnent absolu-ment au rôle peu honorable que l'avocat Dockhorn avait essayé de lui attribuer, par une insinuation qui, d'ailleurs, n'a pas été maintenue. Mais si tout le monde, même à l'ambassade d'Allemagne, était d'accord pour consi-dérer le changement de M. de Holstein comme une chose désirable, ce changement n'a cependant pas eu lieu. M. de Holstein est resté à son poste, comme second secrétaire, à côté de M. le comte d'Arnim, dont il critiquait sans ménagements tous les actes, et couvert par la protection du chancelier. A coup sûr, le gouver-nement allemand n'a de comptes à rendre à personne, sur la façon dont il entend la direction de sa diplomatie, mais le public étranger a le droit de remarquer que la discipline diplomatique a peine à s'accommoder d'une semblable organisation, inconnue à feu le gouvernement du maréchal Serrano lui-même.

Et, cependant, M. de Holstein n'était pas seul à représenter, dans le personnel régulier de l'ambassade d'Allemagne, une influence hostile à celle du comte d'Arnim. M. Rodolphe Lindau, qui avait été envoyé de Berlin à Paris, au commencement de l'année 1873, pour le service de la presse, M. Lindau était chargé, comme nous l'apprend une dépêche du prince de Bismarck, de fournir des nouvelles aux journaux allemands, sous le contrôle du ministère des affaires étrangères de Prusse. En d'autres termes, M. Lindau, attaché officiellement à l'ambassade d'Allemagne à Paris, pouvait correspondre directement avec Berlin. Pour le cas où M. le comte d'Arnim eût songé à s'affranchir sur ce point de l'intermédiaire de M. Lindau, on lui rappelait qu'il devait, au même degré que son subordonné, s'adresser à la chancellerie impériale, et on lui interdisait d'une façon formelle toute communication avec la presse. Enfin, la dépêche, dans laquelle le prince de Bismarck avait libellé ces instructions, était remise au comte d'Arnim par M. Lindau lui-même, qui l'apportait de Berlin.

Ainsi, il ressort de ce qui précède, que l'ambassadeur d'Allemagne à Paris, en conflit permanent avec son chef hiérarchique, avait à côté de lui deux fonctionnaires, un secrétaire et un attaché spécial, dont l'un pouvait, sans encourir la moindre réprimande, se poser en adversaire de son chef, et dont l'autre était placé, pour les affaires de son service, hors du contrôle du comte d'Arnim.

Mais l'anarchie n'était pas seulement dans le personnel politique de l'ambassade d'Allemagne; on la retrouve, presque au même degré, dans son économie intérieure. Le fait qu'une correspondance aussi volumineuse que celle qui a donné lieu au procès d'Arnim ait pu être détournée des archives de l'ambassade d'Allemagne, sans qu'on s'aperçût immédiatement de sa disparition, appelait des explications précises. Le tribunal de Berlin en a demandé aux expéditionnaires et aux employés de la chancellerie. L'on a constaté que la pièce dans laquelle se trouvait l'armoire aux archives était remplie de ballots de journaux, que les garçons de bureau rangeaient quand et comme bon leur semblait : de plus, cette pièce servait en quelque sorte d'antichambre, et il fallait la traverser pour accéder au cabinet de l'ambassadeur. Les inscriptions de dépêches se faisaient elles-mêmes fort irrégulièrement, par occasion, ou même après des semaines. La clef des archives avait plusieurs dépositaires. Enfin, on découvrait quelquefois des rapports officiels et politiques du plus grand intérêt dans les dossiers, classés comme papiers d'affaires. Tout cela ressemble de bien près au désordre. Le comte d'Arnim en a, du reste, revendiqué, avec beaucoup de loyauté, la responsabilité pour lui-même, en se rejetant sur sa myopie. Mais il n'en résulte pas moins que l'ambassade d'Allemagne à Paris a été gérée, jusqu'au départ du comte d'Arnim, dans des conditions qui ne répondent guère à l'idée que le public français s'était faite de l'esprit de discipline et de méthode des Prussiens.

Quant à l'attitude politique du comte d'Arnim à

Paris et à sa correspondance officielle, il y a lieu aussi de présenter diverses observations. Une question paraît avoir dominé toutes les impressions et tous les jugements de l'ex-ambassadeur d'Allemagne, en ce qui concerne la France et les Français. Au fond, il ne se préoccupait que de l'accueil qui lui était fait par la société parisienne. Il s'était attendu à être reçu et traité à Paris, comme le représentant tout-puissant du gouvernement qui avait imposé à notre pays la paix de Francfort, et il exigeait de la société, au lendemain de cette paix écrasante, des sacrifices égaux à ceux qu'avait consentis l'État. Mieux que cela, il s'était persuadé que les Français devaient considérer les résultats de la guerre de 1870 comme une leçon destinée à leur faire comprendre la nécessité d'entretenir avec les Allemands, non-seulement des rapports pacifiques, mais encore des relations amicales, au moins par la crainte de voir surgir de nouvelles complications. La société parisienne n'a pas compris ses devoirs ainsi, et elle est restée sur une très-grande réserve vis-à-vis du comte d'Arnim. Il est évident que ç'a été là un déboire de tous les instants pour lui, et qu'il a concentré, sur les moyens d'y échapper et d'en tirer un châtiment, la meilleure partie de ses incontestables facultés d'observation.

Dans cette lutte contre une situation à laquelle le gouvernement français ne pouvait rien, le comte d'Arnim a perdu plus d'une fois l'équilibre. La note qu'il fit publier, à ce propos, à la fin de septembre 1872, dans l'*Écho du Parlement* de Bruxelles, est un des traits les plus curieux

de cette nature impressionnable et nerveuse. On en connaît l'historique. M. d'Arnim était tranquillement en
congé dans sa propriété de Nassenheide, à plusieurs
centaines de lieues de tout contact avec la société parisienne. Là, il imagine de lui décocher un trait, de lui
infliger une leçon. Pour cela, que fait-il? Il s'adresse à
un journaliste allemand, établi à Paris et lui envoie les
lignes suivantes :

« L'ambassadeur d'Allemagne à Paris, comte Arnim, aurait
donné sa démission, à la suite du règlement définitif de la question de l'indemnité de guerre. Le comte Arnim ferait valoir
que le poste d'ambassadeur à Paris ne lui offre pas de compensation pour les désagréments auxquels il est exposé dans
ses rapports avec la société parisienne. Si sa démission était
acceptée, le poste d'ambassadeur resterait indéfiniment vacant.
Il paraît que le prince de Bismarck est très-disposé à ne laisser
à Paris qu'un consul, qui aurait à expédier les affaires courantes. »

Au reçu de cette note, le destinataire, informé qu'elle
avait pour but de produire un certain effet à Paris,
part pour Bruxelles, la remet à une feuille complaisante
qui l'insère, et l'effet attendu se produit. Le Chancelier ne paraît pas trouver tout d'abord ce procédé
incorrect. M. de Holstein qui, à ce moment, n'est pas
encore entré en lutte avec son chef, lui télégraphie de
Varzin, où il est en villégiature, que le prince de Bismarck ne voit aucun inconvénient à faire reproduire la
note de l'*Écho du Parlement* dans les journaux allemands. D'après le même témoignage, le prince de
Bismarck pense qu'il y a des situations « où l'on doit
traiter des nations, civilisées en apparence, comme des

sauvages. On leur envoie des subrécargues ; tout cela peut encore se faire. » Toutefois, il paraît que cette adhésion n'était qu'ironique, car, au procès, la note de l'*Écho du Parlement* a été relevée comme un grief contre le comte d'Arnim. Mais, que l'ambassadeur ait ou non, dans cette affaire, répondu aux instructions de son gouvernement, il n'en reste pas moins certain que la véritable diplomatie ne doit recourir que très-exceptionnellement à de pareils moyens de produire des effets. En septembre 1872, la France était occupée à assurer à l'Allemagne le payement d'une contribution de guerre de cinq milliards de francs, et le gouvernement et le pays avaient entrepris cette tâche avec autant de loyauté que de patriotisme. Le moment était donc mal choisi pour essayer de les troubler par des susceptibilités qui, si légitimes qu'elles soient, n'ont que bien peu d'importance , lorsqu'il s'agit du maintien de la paix entre deux grandes nations.

Mais, il faut bien le dire, M. le comte d'Arnim a, de ce côté, une pensée fixe dont rien ne saurait le détourner. La société parisienne reste froide à son égard ; dans les salons officiels, on n'est que poli pour lui et pour son personnel et, à l'ambassade d'Allemagne, il ne voit, selon son expression, que des invités payés pour y venir par le gouvernement français. Il rédige, à ce propos, des dépêches sans nombre et sans fin ; il s'agit même un moment de consulter M. Guizot, pour savoir s'il n'y aurait pas quelque moyen d'adoucir cette hostilité intransigeante, et d'autant plus digne de remarque, aux yeux du comte d'Arnim, que l'ambassadeur de Russie, M. le prince Orloff, y échappe, et qu'on le voit accueilli partout avec sympathie et empressement. M. le comte d'Arnim n'y comprend décidément rien, et c'est chaque semaine un nouvel incident qui donne lieu à des rapports du ton le plus acerbe contre les salons de Paris [1]. Il est juste de reconnaître que, sur ce point, l'ambassadeur n'exprime pas des idées et des sentiments contraires à ceux du chancelier : le prince de Bismarck, loin de blâmer le comte d'Arnim de ses susceptibilités, lui reproche parfois de les oublier trop vite, de se contenter trop facilement de satisfactions que le cabinet de Berlin trouve illusoires, et il exhorte son agent à insister, à se montrer intraitable.

En vérité, on a quelque peine à se rendre compte de la surprise et de la facilité d'émotion du comte d'Arnim en pareille matière. La société française a toujours passé pour une des plus polies et des plus courtoises de l'Europe, et c'est la première fois, croyons-nous, qu'on la voit dénoncer ainsi au monde civilisé pour son manque de tact et d'éducation. Le gouvernement prussien ne s'attendait pas, à coup sûr, qu'après la guerre désastreuse de 1870-71, les rapports entre Français et Allemands pussent redevenir, du jour au lendemain, empreints de la plus grande cordialité. La presse germanique ne s'est-elle pas complu, depuis quatre ans, dans

---

[1] L'équité commande de reconnaître qu'après la lecture d'un de ces rapports, M. le comte d'Arnim a exprimé le vif regret d'avoir pu porter des jugements aussi injustes sur la nation française, et a déclaré qu'il ne signerait plus aujourd'hui de pareilles choses. Le compte rendu sténographique lui fait dire à ce propos : *Ich bedaure dass in einer Weise von der französischen Nation gesprochen ist, die ich selbst nicht unterschreibe.* (Audience du 11 décembre.)

b.

maintes circonstances, à déverser sur notre pays les critiques les plus amères, sans égard pour notre position de vaincus? Le patriotisme allemand lui-même, depuis 1806, n'est-il pas fait tout entier de haine contre la France, et même contre la France seule? Comment, dans les écoles de la Prusse, appelle-t-on encore aujourd'hui notre pays? L'ennemi héréditaire : *Erbfeind*. Dès qu'il sait épeler, l'enfant, de l'autre côté du Rhin, comprend déjà que ce mot désigne la France, et notre tort a été de ne pas le savoir, ou de ne pas écouter ceux qui nous le disaient, avant 1870. De tout temps, d'ailleurs, le représentant d'une puissance victorieuse a eu une situation délicate dans la capitale du gouvernement vaincu, au lendemain de la paix. C'est au vainqueur à s'en accommoder, à l'améliorer par son tact et sa bienveillance, sacrifices d'autant plus faciles dans sa situation, qu'ils ne coûtent rien à l'intérêt de son pays. Pour bien comprendre ce qui a manqué sous ce rapport au comte d'Arnim dans le poste qu'il occupait à Paris, il suffit, croyons-nous, de comparer son attitude avec celle de M. de Gontaut-Biron, notre ambassadeur à Berlin. Celui-ci, du moins, par sa modestie, son savoir-vivre, sa prudence, a désarmé toutes les préventions et toutes les animosités, et a secondé, dans les circonstances les plus difficiles et de la façon la plus efficace, la politique d'apaisement et de bonne harmonie entre les deux cabinets.

. En lisant les dépêches du comte d'Arnim, on est amené à se poser une autre question, qui n'a pas moins d'intérêt. Quelle politique suivait-il? La réponse à cette

question n'est pas aussi simple qu'on le suppose généralement. Sans doute, il avait peu de goût pour M. Thiers,
et il ne croyait pas à sa république conservatrice. Il ne
considérait pas non plus ce dernier comme un écono-
miste bien profond, et il a jugé avec quelque sévérité
son intervention acharnée dans le débat sur les matières
premières. Mais cela ne suffit pas pour prouver que
M. le comte d'Arnim ait jamais appuyé en France les
tentatives de restauration monarchique, et on cherche-
rait vainement, dans sa correspondance, un mot qui indi-
quât avec précision ses sympathies de ce côté. Allons au
fond des choses : cet ambassadeur qui, d'après certains
journaux, aurait aidé au renversement de M. Thiers par
des avis que personne ne lui a demandés et par des
suggestions que personne n'a recueillies, on oublie donc
l'attitude qu'il a prise vis-à-vis du gouvernement, lorsque le rétablissement de la royauté semblait possible et
prochain en France! Il est venu faire à ce moment au
duc de Broglie, c'est-à-dire le 17 octobre 1873, par
ordre de M. de Bismarck, une communication qui est
à peine compatible, dans les conditions ordinaires de la
vie internationale, avec le maintien de la paix. Depuis
le traité de Francfort, le cabinet de Berlin ne nous a
jamais tenu un langage plus comminatoire, dans les
deux ou trois circonstances où il a cru utile à ses intérêts
de faire craindre des complications. Voici un fragment
caractéristique de cette commmunication ; c'est M. d'Arnim qui parle :

« Si la France voulait rappeler ses anciens rois, c'était son
affaire. Mais s'il ne s'agissait pas seulement d'une restauration

à l'intérieur de la France; si la restauration de la royauté devait, bien au contraire, devenir le signal d'une activité politique dont le but serait le renversement de tout ce qui avait
été créé dans les dix dernières années, la question devenait
internationale et l'on ne pouvait s'étonner en France des inquiétudes qui se trahissaient en tous lieux. »

Sans doute, c'est pour obéir aux instructions de son
gouvernement que M. le comte d'Arnim prétend avoir
fait une pareille déclaration au cabinet français. Mais
l'ambassadeur met dans son récit un tel entrain, il insiste
si complaisamment sur ce qu'il a dit au duc de Broglie,
et il glisse si légèrement sur ce qui a dû lui être répondu
par le premier ministre du maréchal, qu'il n'y a pas à se
tromper sur les sentiments du comte d'Arnim, vis-à-vis
de tout ce qui eût été de nature à tirer la France de l'état
précaire et instable où elle se trouvait placée en 1873.
Un gouvernement peut à la rigueur tenir à un autre
gouvernement le langage que nous venons de citer,
mais, s'il le lui tient en vue d'un changement possible
dans les institutions intérieures du second, ce langage
constitue ce qu'on appelle un acte d'intervention dans les
affaires personnelles d'un État étranger. Car enfin, prise
au pied de la lettre, la politique de M. d'Arnim ne
permet ni repos, ni stabilité à la France. Quand nous
sommes en république, nous marchons au radicalisme ;
quand nous voulons faire la monarchie, nous menaçons
la paix européenne. Aussi, semble-t-il résulter de ce qui
précède que l'ex-ambassadeur d'Allemagne cherchait,
avant toute chose, des prétextes pour inquiéter la France
et lui ôter le droit de ressaisir sa liberté d'action vis-à-vis

d'elle-même. Il faut donc cesser de prétendre qu'il ait
jamais servi la cause monarchique dans notre pays, et
conclure, au contraire, de la dépêche du 17 octobre 1873,
qu'il a mis, au moins une fois, beaucoup d'empressement
à lui créer des embarras, pour répondre aux instructions du prince de Bismarck. Nous sommes même fondés
à ajouter que jamais l'ambassadeur d'Allemagne n'a
tenu au duc de Broglie le langage amer et peu mesuré
qui précède. La dépêche du 17 octobre parait se référer
à une communication spéciale, faite à jour fixe, avec un
certain appareil extérieur : elle n'est en réalité que le
résumé de plusieurs conversations plus ou moins officielles, et qui n'eurent jamais, en tout cas, ce caractère
de solennité comminatoire.

Si le comte d'Arnim nous apparaît dans sa correspondance comme un esprit politique inquiet, et beaucoup trop facile à troubler, en revanche le Chancelier,
son chef hiérarchique, se présente dans le dossier avec
une certaine supériorité de vues et de discernement.
Dans tout ce qu'il pense, comme dans tout ce qu'il écrit,
il a un point fixe : maintenir le plus longtemps possible
la France dans l'état instable où l'a jetée une paix désastreuse, et ne rien faire pour la décourager de la république provisoire de M. Thiers, parce que, de toutes les
formes de gouvernement, c'est celle-ci qui répond le
mieux aux intérêts de l'Allemagne vis-à-vis de la France,
dans le présent et dans l'avenir. Dans le présent, le régime, personnifié par M. Thiers, est incapable d'obtenir
le moindre adoucissement dans l'exécution de la paix,
par le concours amical des puissances ; dans l'avenir,

l'état républicain consomme l'isolement de la France, au
milieu d'une Europe monarchique. Ce n'est pas la première fois d'ailleurs qu'on voit les ennemis de la France
spéculer sur ses agitations intérieures pour l'accabler.
A ce point de vue, la politique du prince de Bismarck a
de grandes analogies avec celle de Pitt. Le comte Mercy
d'Argentau, ambassadeur d'Autriche à Paris, écrivait à
Marie-Antoinette, le 7 mars 1791 :

> J'ai dit ailleurs, et je ne saurais trop le répéter, que les
> plus grands obstacles aux vues du roi viendraient toujours de
> la part de l'Angleterre; cette puissance se croit à l'abri de la
> démocratie; elle veut en prolonger les horreurs en France et
> en user comme d'un moyen infaillible de consommer la ruine
> de sa rivale (1).

Mais, vrai ou faux, le calcul du prince de Bismarck
n'en fournit pas moins au patriotisme français des indications et des enseignements, qu'il serait imprudent de
négliger. Évidemment, il ne faut pas s'exagérer l'importance de la forme du gouvernement pour décider les
questions d'alliances entre les États; mais ce n'en est
pas moins un fait à noter que la conviction si nette-
ment exprimée par M. de Bismarck à ce sujet. Le cabinet de Berlin vit dans une intimité très-étroite, avec
deux au moins des grandes puissances européennes,
et il est probable qu'en insistant à tant de reprises et
dans des termes si formels sur ses préférences à l'égard
de l'établissement de la République dans notre pays, il
aura pris acte, comme d'une garantie pour la sécurité

(1) Alf. von ARNETH. *Marie-Antoinette, Joseph II, und Leopold II,*
Wien 1866, p. 148.

présente et future de l'Allemagne, des méfiances et des inquiétudes que ce régime inspire. Loin de nous la pensée de triompher contre le parti républicain de l'appui indirect que lui prête le prince de Bismarck : ce parti agit dans la plénitude de sa liberté d'esprit et de sa bonne foi, et c'est avec raison qu'il compte sur d'autres moyens que les complaisances onéreuses de la Prusse pour atteindre son but. Néanmoins les faits sont les faits, et les appréciations du Chancelier impérial entreront nécessairement en ligne de compte devant l'histoire, lorsqu'elle aura à juger l'œuvre politique de M. Thiers, depuis son avénement, comme chef du pouvoir exécutif, jusqu'au 24 mai 1873.

Il reste une dernière question à éclaircir. Comment M. le prince de Bismarck a-t-il été amené à autoriser la publication de tous ces documents, pour la plupart confidentiels? Comment l'homme d'État qui demandait, il y a un an, une poursuite judiciaire contre le général Lamarmora, en est-il venu à laisser commettre, et à ordonner même, une indiscrétion qui dépasse toutes celles dont la génération contemporaine a été témoin, soit en France, soit en Italie? Si M. Benedetti, si M. Jules Favre ont, à une autre époque, ouvert les archives du ministère des Affaires étrangères de France, ç'a été sur des situations définitivement acquises et qui n'avaient qu'une relation très-indirecte avec l'actualité diplomatique. Si l'ancien président du conseil des ministres d'Italie, l'honorable général Lamarmora, a divulgué, dans un livre célèbre, toutes les péripéties de l'alliance italo-prussienne de 1866, il n'a fait, après tout, que fournir des éléments à l'histoire, puisque l'unité italienne et l'unité germanique sont aujourd'hui accomplies. Incontestablement la publication du dossier d'Arnim, qui aurait pu être évitée par le huis clos, dépasse tous ces précédents. De plus, elle est le fait d'un premier ministre qui s'est toujours flatté de sauvegarder rigoureusement les traditions et les convenances internationales et qui s'est élevé, en maintes circonstances, même à la tribune du Parlement allemand, contre l'usage des communications diplomatiques.

Le *Moniteur officiel de l'Empire* allemand a essayé, il y a quelque temps, d'expliquer cette contradiction, dans un article qu'il n'est pas sans intérêt de reproduire. Voici cet article, tel qu'il a paru le 29 décembre dernier :

« Les circonstances extraordinaires, dit le *Reichsanzeiger*, qui ont amené des poursuites judiciaires contre le conseiller intime actuel comte d'Arnim, ont mis au jour des documents diplomatiques qui étaient destinés à être tenus tout à fait secrets. Plusieurs raisons ont fait penser qu'il serait bon de produire ces documents à l'audience publique ; on s'est dit, en particulier, que la main qui les avait enlevés aux archives en pourrait faire connaître arbitrairement des fragments, et que la publication *in extenso* offrait des dangers différents, mais moins graves. L'exactitude de cette opinion est déjà prouvée par ce qui se passe au sujet des documents tenus secrets. Le tribunal de première instance de Berlin s'est, comme on sait, abstenu de livrer à la publicité un certain nombre de documents, parce qu'il a pensé que la publication de ces pièces pouvait mettre la paix en danger. Or, cette précaution et ces motifs donnent déjà lieu à des soupçons qui augmentent de jour en jour. Le tribunal a eu raison de tenir secrets ces documents relatifs à la politique ecclésiastique, car toutes ces pièces, à l'exception d'un très-petit nombre, contiennent des secrets administratifs qui appartiennent, non pas

à nous, mais à d'autres États. Rien de ce que contiennent ces
documents n'a, quant à *sa nature*, à redouter la lumière du
jour ; mais, alors que tous les gouvernements étrangers, cédant
à une impulsion de notre part et comptant sur la discrétion
allemande, qui n'a jamais trompé personne, ont fait des déclarations sur un sujet important ; alors que des hommes d'État
prédominants des pays étrangers sont sortis avec une égale
confiance de la réserve à laquelle ils étaient en droit de rester,
il est impossible de ne pas avoir égard à la discrétion diplomatique. En outre, chaque gouvernement étant responsable
de la conduite de ses représentants, le crédit du gouvernement
allemand diminuerait, si l'un de ses fonctionnaires les plus élevés pouvait traîner par tout le pays, dans une malle, les déclarations confidentielles des cabinets ou des diplomates étrangers, qui lui auraient été communiquées par son gouvernement
pour le guider dans l'exercice de ses fonctions, ou s'il pouvait
confier des documents de ce genre à un avocat pour les remettre
à un juge d'instruction. Vis-à-vis des cabinets étrangers, le
gouvernement allemand est aussi responsable de l'abus que
l'on peut faire, à en juger d'après ce qu'on a vu jusqu'ici, des
copies des communications confidentielles faites par ces gouvernements.

» Le gouvernement lui-même ne peut, en aucune façon, se
tenir pour autorisé à livrer à la publicité des communications
confidentielles ou écrits des autres gouvernements, bien qu'il
soit responsable du fait d'avoir cru devoir, dans l'intérêt du
service, mettre un ambassadeur allemand dans le secret de ces
communications. En tant qu'il s'agit des détails intimes qui ne
concernent que l'Allemagne, tout peut être révélé en pleine
lumière, sans nuire à nos relations extérieures, et, à plus forte
raison, sans compromettre la paix. »

Évidemment, la plume qui a rédigé cet article a éprouvé
quelque embarras. Elle a l'air de supposer que les cabinets européens ont pris une vive part aux difficultés que
l'attitude du comte d'Arnim créait au gouvernement
impérial allemand, et qu'ils désiraient, avant tout, voir

le prince de Bismarck en sortir heureusement, n'importe
par quel moyen. C'est, à notre avis, une erreur. On
admettra très-bien que le Chancelier impérial ait eu
intérêt, vis-à-vis de ses concitoyens, à faire publier les
pièces du procès d'Arnim, mais on admettra beaucoup
moins aisément que la crainte de les voir livrer par
fragments à la discussion, dans un moment et dans des
conditions que M. d'Arnim aurait choisis lui-même, jus-
tifie le cabinet de Berlin d'avoir devancé une publication,
éventuelle et même douteuse, par une autre publication
actuelle et positive. La crainte d'un mal, dit le proverbe,
ne doit pas nous entraîner dans un pire. C'est comme si
le gouvernement italien avait fait la lumière sur les pré-
paratifs de la guerre de 1866, pour devancer les révélations du général Lamarmora! Mais il y a plus : le
procès intenté à M. d'Arnim avait pour but la revendication de papiers d'État détenus illégalement par cet
ancien ambassadeur. Or, pourquoi la loi s'oppose-t-elle
à ce qu'un agent diplomatique considère les correspondances officielles qu'il a échangées à ce titre, comme sa
propriété? Ces papiers, l'État les a presque toujours en
minute ou en copie; par conséquent, il n'en est pas
matériellement privé; et, dans le cas présent, le ministère des affaires étrangères de Berlin avait sous les yeux
le relevé et le texte exact de tout ce que M. d'Arnim
gardait chez lui. La revendication du gouvernement
allemand avait donc un autre but, et ce but était évidemment d'empêcher les pièces dont il s'agit de tomber
dans le domaine public et d'ôter à celui qui les détenait
les moyens de nuire à la sûreté de l'État. Mais si celui-

ci lève lui-même le secret qui doit couvrir la correspondance qu'il cherche à ressaisir, alors à quoi servent de
pareils procès et à quoi peuvent-ils aboutir, dans un pays
où ces sortes de délits ne sont même pas prévus d'une
façon formelle par le Code pénal ?

La note qui précède a d'ailleurs pour but de justifier
une nouvelle infraction à la règle du secret diplomatique,
par la publication d'une pièce comprise jusque-là dans
la partie du dossier Arnim, sur laquelle le huis clos avait
été prononcé. Cette pièce n'est autre chose qu'une circulaire adressée par le cabinet de Berlin à ses agents à
l'étranger, le 14 mai 1872, en vue de la prochaine élection papale. Nous ferons la remarque que cette circulaire aura eu plus de fortune en 1874 qu'elle n'en a eu
à son origine. Écrite évidemment dans le but de provoquer une entente entre l'Allemagne et les puissances
catholiques au sujet du successeur éventuel de Pie IX,
il semble qu'elle aurait dû être communiquée en premier lieu aux puissances catholiques. Mais nous avons
entendu dire que le cabinet de Versailles n'en avait
jamais eu connaissance. On prétend qu'à Vienne on
n'en soupçonnait pas davantage l'existence avant la publication du *Reichsanzeiger,* et enfin, quant au cabinet
italien, on croit qu'il n'a fait état en aucune circonstance de cette communication. Or, si la circulaire du
14 mai 1872 est restée ignorée des trois puissances le
plus directement intéressées à la future élection papale,
il y a quelque apparence que cette circulaire n'a pas été
le point de départ de négociations plus actives avec les
autres gouvernements, comme la Russie et l'Angleterre,

auxquelles la question de la papauté est presque entièrement étrangère.

L'article du *Reichsanzeiger* tend aussi à faire croire
qu'en livrant à la publicité les documents qui nous occupent, le gouvernement prussien n'a pas excédé son
droit, par la raison qu'ils ne concernent que les affaires
allemandes. Ici encore, il nous est impossible d'être de
l'avis du *Reichsanzeiger*. Les documents dont il s'agit
sont remplis, au contraire, d'appréciations et de jugements qui n'ont rien d'amical pour notre pays, et qu'on
a même beaucoup de peine à s'expliquer, de la part
d'une puissance à l'égard de laquelle le gouvernement
français a tenu tous ses engagements, avec une ponc-
tualité et une fidélité auxquelles l'impartialité comman-
dait peut-être de rendre hommage d'une façon plus
explicite. Il n'y a qu'un vainqueur, cela est évident, et
un vainqueur très-peu soucieux de ménager les susceptibilités du vaincu, qui puisse jeter en pâture, aux discussions de la presse et de l'opinion, des correspondances
diplomatiques, d'allure aussi libre. Enfin, dans ce dossier, on pourrait citer telle pièce qui ne concerne ni la
France, ni l'Allemagne, mais seulement la personne du
prince Orloff; or, nous ne saisissons pas très-bien comment sa publication se concilie avec les usages inter-
nationaux.

Pour nous, les motifs qui ont fait agir M. de Bismarck
dans cette affaire sont tout autres que ceux indiqués par
le *Reichsanzeiger*. Le prince de Bismarck a voulu rendre
l'Allemagne juge du conflit qui s'était élevé entre sa personne et le comte d'Arnim, et il a dit au public : « Voici

ma correspondance, voilà la sienne; à vous de décider lequel de nous deux a eu jusqu'ici le sentiment le plus exact des intérêts de l'Empire. » La réponse ne pouvait être douteuse. Le comte d'Arnim était un observateur trop impressionnable dans une situation des plus délicates, tandis que le prince de Bismarck voyait plus juste et plus loin. Mais, sur le terrain judiciaire, le débat n'a pas tardé à se resserrer, et le comte d'Arnim, qu'il s'agissait de convaincre de haute trahison, n'a pu être frappé que comme un délinquant de droit commun. De là, aujourd'hui, un écart très-large entre la condamnation du comte d'Arnim et les crimes dont on l'accusait, si bien que ce qu'il y a de mieux acquis au procès, c'est qu'il a été l'occasion d'une publication diplomatique sans précédent.

On pourrait faire encore beaucoup d'autres réflexions sur ce procès. Mais il nous suffira de constater, en finissant, qu'il fournit au patriotisme français des enseignements d'une incomparable clarté. Ce qui affaiblit notre pays, c'est la persistance des divisions politiques, c'est la folie de l'esprit de parti. On le sait si bien à l'étranger qu'on spécule ouvertement sur cette situation. « Les François, disait admirablement Richelieu, ne sont pas indisciplinables; pour les faire garder une règle, il ne faut que le vouloir fortement; mais le mal est que jusques ici les chefs n'ont pas été capables de la fermeté requise en telle occasion [1]. »

J. VALFREY.

[1] *Documents inédits sur l'histoire de France; — Lettres, instructions diplomatiques et papiers d'État du cardinal de Richelieu*, t. VI, p. 165.

LE PROCÈS D'ARNIM.

ACTE D'ACCUSATION.

CONCLUSIONS DU MINISTÈRE PUBLIC

Contre le comte Harry d'Arnim, ambassadeur de l'empire d'Allemagne en disponibilité, conseiller intime actuel, docteur en droit, né en 1824 à Moitzelfitz en Poméranie, fils de feu le propriétaire foncier d'Arnim, de Polzin, en Poméranie, actuellement domicilié à Berlin, protestant, chevalier des ordres prussiens de Saint-Jean de Jérusalem et de l'Aigle rouge de deuxième classe avec plaque, accusé de délits commis dans l'exercice de ses fonctions.

Le prévenu est entré le 1ᵉʳ février 1847 au service de l'État, en qualité d'auditeur. En 1850, il s'engagea dans la carrière diplomatique, et, en mai 1851, à la suite d'un examen spécial, il fut nommé secrétaire de légation. Il résida, en cette qualité, successivement à Rome, à Cassel et à Vienne. En 1856, il reçut le titre de conseiller de légation. En 1860, il fut appelé à la dignité de chambellan et, en 1862, il fut nommé ministre à Lisbonne. Il fut en-

·suite accrédité en cette qualité à Cassel et à Munich, puis
·à Rome, près le Saint-Siége, à partir du 20 octobre 1874.
Créé comte au cours de l'été de 1870, il fut, en
mars 1871, nommé commissaire à Bruxelles pour les négociations engagées au sujet du traité de paix à conclure
:avec la France. Il exerça ensuite les mêmes fonctions à
Francfort-sur-le-Mein. Le 23 août 1871, un décret impérial le nomma ministre près la République française, en
mission extraordinaire. Le 2 mars 1874, un nouveau décret le rappela de ce poste, qui avait été, dans l'intervalle,
élevé au rang d'ambassade, et le réserva pour un autre
emploi. En effet, le 19 du même mois, il fut nommé ambassadeur à Constantinople. Après avoir, le 29 avril 1874,
remis au président de la République française ses lettres
de rappel, il quitta Paris et fut, par décret impérial du
15 mai 1874, mis en disponibilité provisoire. Lorsque le
prévenu eut quitté Paris, les affaires de l'ambassade furent
gérées provisoirement par le conseiller de légation comte
·de Wesdehlen, en attendant l'arrivée du nouvel ambassadeur, M. le prince de Hohenlohe. Ce fonctionnaire remar-
qua bientôt après son arrivée à Paris, qu'il manquait un certain nombre de documents administratifs dans les archives
de l'ambassade. Il fit alors des recherches minutieuses, et
·constata l'absence d'un grand nombre de documents de ce
genre, c'est-à-dire des documents classés sous les rubri-
·ques 1, 2 et 3.

Le prévenu comparaît devant ce tribunal comme convaincu d'avoir fait disparaître et détourné ces documents,
·qui sont de la plus grande importance au point de vue de
la politique de l'empire d'Allemagne, et des rapports de
·cet État avec les puissances étrangères.

Le prévenu reconnaît avoir emporté une partie de ces

documents (n** 1 et 2). Quant aux autres (n° 3), il déclare
ne pas savoir ce qu'ils sont devenus. Il a restitué une partie des premiers (n° 1) à la demande du ministère des
affaires étrangères, en disant qu'il n'avait pas l'intention
de les garder; il a refusé de restituer les autres (n° 2), allé-
guant qu'ils lui appartenaient personnellement.

La question de savoir si les documents dont il s'agit ont
un caractère administratif et doivent être conservés dans
les archives, ne peut être résolue que d'après les principes
généraux y relatifs, vu qu'il n'y a pas de prescriptions
spéciales touchant les correspondances du ministère des
affaires étrangères avec ses agents diplomatiques.

Un ministre plénipotentiaire ayant demandé, en 1813, au
ministère des affaires étrangères si les brouillons des rapports des représentants diplomatiques appartenaient à ces
derniers ou aux archives de la légation, le ministre répondit, à la date du 21 décembre, en rappelant l'ordonnance
du 14 février 1711, qu'aucune prescription spéciale n'était
nécessaire sur ce point, parce que les représentants diplo
matiques devaient, non-seulement au point de vue de ce
qui fait partie des archives de la légation, mais au point
de vue de la conservation des papiers administratifs, agir
d'après les principes généraux qui servaient de règle à tous
les fonctionnaires prussiens à l'intérieur du pays, principes qui avaient été reconnus jusqu'alors complétement
suffisants.

Pour ce qui concerne la tenue de la correspondance du
ministère des affaires étrangères avec ses agents diplomatiques, il faut, d'après les règlements existants, distinguer
entre la correspondance politique et les autres correspondances.

La première se subdivise, selon que les pièces émanent

1.

du ministère des affaires étrangères ou des agents diplomatiques, en « dépêches » et en « rapports ». Pour faciliter au destinataire le contrôle de la réception des documents qui lui sont adressés, les dépêches et les rapports
reçoivent chaque année des numéros d'ordre qui se suivent.
Le ministère des affaires étrangères tient des journaux spé-
ciaux pour la correspondance politique, savoir un journal
d'envoi et un journal de réception, dans lequel sont inscrits
les dépêches envoyées et les rapports reçus, sous des numéros qui se suivent, avec l'indication du numéro et de la
date de la dépêche ou du rapport, du nom du destinataire
et du contenu de la pièce. Les brouillons et les copies au
net des dépêches envoyées, et les rapports reçus, après
avoir été transcrits dans les journaux, reçoivent le numéro
qui leur appartient dans le journal.

Les pièces qui manquent sont en partie des dépêches,
en partie des rapports.

Les dépêches dont les brouillons existent sont toutes
transcrites dans les journaux du ministère et pourvues du
numéro d'ordre et de leur numéro de journal. Par suite
de cette désignation, elles étaient, pour l'accusé, recon-
naissables comme dépêches politiques, abstraction faite de
leur contenu. S'il se trouve, comme suscription, ou à la
fin de quelques-unes de ces dépêches, les mentions : « Confidentielle, secrète, personnelle, pour information personnelle, etc., » une pareille mention n'altère naturellement en
aucune façon le caractère officiel de la dépêche, mais indique simplement une manière spéciale d'en faire usage.

Les lettres autographes du chancelier, comme il s'en
trouve une dans les papiers saisis chez l'accusé, ne sont
pas en question. Les rapports de l'accusé, dont les brouillons manquaient et manquent encore à l'ambassade de

Paris, tandis que les copies au net existent au ministère des affaires étrangères, y ont été tous transcrits, à leur arrivée, dans les journaux. De même que le ministère des affaires étrangères, les agents diplomatiques sont obli-, gés de tenir des journaux pour la correspondance politique, savoir, un journal d'entrée pour les dépêches reçues, et un journal de sortie pour les rapports envoyés.

C'est bien ce qu'a fait l'accusé, et les deux journaux ont été tenus selon la méthode indiquée plus haut. Outre cela, dans le laps de temps écoulé depuis septembre 1873 jusqu'à la fin de janvier 1874, il a fait tenir un journal dit secret, qui ne contient cependant qu'un petit nombre de transcriptions.

Les archives politiques se trouvaient dans une armoire placée dans le cabinet de l'accusé, et dont il avait personnellement la clef. C'est dans ce même endroit qu'étaient placés les journaux. La transcription dans ces derniers se faisait par l'employé auxiliaire Hammerdœrfer. Lorsque ce fonctionnaire recevait de l'accusé des dépêches arrivées ou des rapports destinés à être envoyés pour les transcrire dans le journal, il se faisait donner la clef de l'armoire aux archives, opérait la transcription, plaçait les documents dans leurs dossiers respectifs, remettait les journaux dans l'armoire, la fermait et rendait la clef à l'accusé.

Il appert de là que les pièces non portées dans le journal ne sont pas, en général, arrivées jusqu'aux archives. La plupart des documents qui manquent ne sont pas portés dans les journaux.

I. TREIZE DÉPÊCHES ET RAPPORTS QUE L'ACCUSÉ A, DE SON
PROPRE AVEU, EMPORTÉS ET RESTITUÉS DEPUIS.

Lorsque l'ambassadeur prince de Hohenlohe, peu de
temps après son entrée en fonctions, voulut s'enquérir de
différentes affaires relatives aux questions politico-religieuses et fit faire, dans ce but, des recherches dans les
journaux et dans les archives pour prendre connaissance
des documents qui s'y rattachaient, on reconnut, d'après
les journaux, que ces pièces devaient exister, mais qu'elles
manquaient dans les archives. Par suite, l'ambassadeur,
dans une lettre du 8 juin 1874, signala au ministère des
affaires étrangères l'absence des pièces suivantes :

1° Rapport n° 38, du 16 avril 1873, sur l'éventualité
d'une vacance du Saint-Siége;

2° Rapport n° 39, du 26 avril 1873, sur le futur conclave;

3° Rapport n° 40, du 28 avril 1873, sur un entretien
avec M. Thiers, relatif à la maladie du pape, ainsi que
d'une dépêche ayant trait à cet entretien.

L'ambassadeur priait en même temps le ministre des
affaires étrangères de lui faire passer une copie de ces
documents.

Par une dépêche du 15 mai 1874, le ministère des
affaires étrangères invita l'accusé à s'expliquer sur la rete-
nue des rapports mentionnés ci-dessus, ainsi que de deux
dépêches datées de 1873 et portant les numéros 49 et 66.

Dans une lettre datée de Carlsbad, 19 juin 1874, l'accusé répondit textuellement ce qui suit :

« En réponse à la lettre du 15, j'ai l'honneur de faire

observer que, dans mon opinion, les documents qui y
sont mentionnés ne font pas partie des actes de l'ambassade. Ils ont trait à des conversations que j'ai eues avec
M. Thiers, et qui portaient le caractère de conversations
absolument privées.

» Je suis toujours d'avis que cette correspondance n'était
pas destinée à être déposée dans les archives de l'ambassade, et à parvenir ainsi à la connaissance d'un chef de
mission quelconque, nommé à titre soit intérimaire, soit
définitif. Le ministère des affaires étrangères paraissant
avoir d'autres idées sur ce point, je lui enverrai le plus tôt
possible les documents en question, pour qu'il agisse comme
il l'entendra.

» Comte d'Arnim. »

Le ministre des affaires étrangères, qui avait chargé,
pendant ce temps-là, le prince de Hohenlohe d'examiner
minutieusement les archives de l'ambassade, et avait appris par ce diplomate qu'il manquait un grand nombre de
documents, adressa, à la date du 20 juin 1874, au prévenu, une nouvelle dépêche dans laquelle il se réservait
de prendre des mesures ultérieures, en présence de la
déclaration du comte d'Arnim, qui considérait comme sa
propriété des communications politiques reçues par lui en
sa qualité de fonctionnaire et des instructions administratives y relatives du chancelier de l'empire. Cette dépêche
invitait le comte d'Arnim à déclarer s'il avait encore entre
les mains d'autres documents et le sommait de rendre immédiatement ceux qu'il avait gardés.

Le prévenu répondit de Carlsbad, à la date du 21 juin,
contrairement à sa déclaration antérieure, qu'il n'avait pas
songé à considérer les documents en question comme sa

propriété particulière et à mettre en doute leur caractère
administratif; qu'il s'était, au contraire, demandé seulement s'il devait laisser ces documents à Paris ou les remettre
au ministère des affaires étrangères. Il ajoutait que, puisque le chancelier de l'empire lui avait adressé personnellement les dépêches en question, et lui avait enjoint de les
tenir entièrement secrètes, il s'était décidé pour cette dernière alternative, d'autant plus qu'il craignait de voir le
prince de Hohenlohe s'offenser de quelques expressions de
ces dépêches, en sa qualité de catholique et de frère d'un
cardinal.

Il disait, en outre, que, retenu par la maladie à Carlsbad,
il n'avait pu, jusqu'alors, opérer la restitution projetée
des pièces réclamées, n'ayant pas voulu les confier à la
poste, mais qu'il venait de charger son fils d'aller les chercher et de les remettre au ministère. Ce dernier, en effet,
remit, à la fin de juin, les documents relatifs aux relations
avec la curie romaine et à la future élection papale, documents dont faisaient partie, outre les rapports n°ˢ 38, 39
et 40 de l'année 1873, et les dépêches n°ˢ 49 et 66 de la
même année, les pièces suivantes de l'année 1872, savoir:

1° Dépêche du 14 mai 1872, n° 101 ;

2° Rapport du 17 mai 1872, n° 78 ;

3° Rapport du 28 juin 1872, n° 90 ;

4° Dépêche du 11 juillet 1872, n° 140 ;

5° Dépêche du 11 juillet 1872, n° 141 ;

6° Dépêche du 11 juillet 1872, n° 142, avec annexe ;

7° Dépêche du 22 juillet 1872, n° 152 ;

8° Rapport du 21 mai 1873, n° 46 ;

Ces pièces, au nombre de treize, emportées par l'accusé, et depuis restituées, sont transcrites dans les journaux de l'ambassade.

A l'assertion de l'accusé, portant qu'il avait emporté
les pièces en question dans l'intention de les remettre au
ministère des affaires étrangères, on peut opposer les faits
suivants :

En quittant l'ambassade, il n'a pas dit un mot des
pièces qu'il emportait au comte de Wesdehlen, qui a reçu
de lui, *ad interim*, la gestion des affaires et les archives
de l'ambassade, et qui connaissait parfaitement l'existence
de ces pièces.

Lorsque, dans les dépêches en question, le chancelier
employait les mots de « confidentiel, — pour votre information personnelle, — pour vous personnellement, — à
garder secrète, » il ne voulait naturellement pas dire par
là que l'accusé dût cacher ces documents à son successeur. Il pouvait d'autant moins se méfier du prince de
Hohenlohe, que celui-ci lui était personnellement connu,
et que personne n'ignorait que le nouvel ambassadeur
approuvait la politique de l'empire à l'égard de l'Église ;
qu'enfin son frère, le cardinal de Hohenlohe, avait été
choisi pour remplir les fonctions d'ambassadeur d'Allemagne près le Vatican.

L'accusé, après avoir quitté Paris à la fin d'avril 1874,
s'est arrêté pendant quinze jours ou trois semaines à
Berlin, pour, de là, se rendre à Carlsbad, où il a emporté
les documents en question, au lieu de les restituer au
ministère des affaires étrangères. Ce n'est qu'à la fin du
mois de juin, sur des injonctions réitérées, qu'il s'est décidé
à les rendre.

II. DOCUMENTS QUE L'ACCUSÉ, D'APRÈS SES PROPRES AVEUX,
    A CONSERVÉS PAR DEVERS LUI.

Dans la lettre n° 1, datée de Carlsbad, 21 juin 1874,
l'accusé avait déclaré, en outre, qu'il se réservait de
répondre le lendemain à la question qui lui avait été posée,
à savoir s'il détenait encore d'autres pièces officielles, et
qu'il s'empresserait de renvoyer avec le reste tout ce qui
pourrait se trouver chez lui.

A la date du 24 juin suivant, il écrivit qu'outre les
pièces mentionnées plus haut, il possédait encore une
dépêche du chancelier, relative au service des espions ;
mais qu'il n'avait entre les mains aucune autre pièce officielle à restituer. Il renvoya cette dépêche du chancelier,
en même temps que les autres documents mentionnés.

Dans un rapport du 26 juin, le prince de Hohenlohe
constata que les recherches qu'il avait ordonnées, signa-
laient l'absence d'un grand nombre de dépêches politiques
et de rapports. A la suite de ce rapport du nouvel ambassadeur, le ministère des affaires étrangères, par une dépêche du 6 juillet 1874, mit l'accusé en demeure de
donner, d'une manière officielle, les raisons pour lesquelles
il retenait ces pièces importantes, dont la nomenclature lui
fut adressée en même temps.

L'accusé, dans une lettre datée de Nassenheide, 10 juillet, répondit qu'à sa connaissance, en dehors de ses documents personnels, il ne possédait pas de pièces officielles,
mais qu'il ferait les recherches les plus minutieuses pour
savoir s'il s'en rencontrait. Le 20 juillet, l'accusé écrivit
au secrétaire d'État, M. de Bulow, qui, jusqu'alors, avait
correspondu avec lui, une lettre avec la suscription « par-

ticulière », dans laquelle il déclarait qu'étant mis en disponibilité, il n'avait plus l'honneur de correspondre avec
le ministère des affaires étrangères, mais qu'il était toujours à la dispositiou de l'empereur; que, par conséquent,
le ministère des affaires étrangères n'avait plus qualité
pour réclamer de lui des communications officielles.

Sous le bénéfice de cette réserve, il déclara, à propos
des documents compris dans la liste qui lui avait été
adressée, qu'il considérait une partie des pièces réclamées
comme sa propriété personnelle, attendu que ces pièces,
bien que se rattachant à des questions politiques, traitaient
de son conflit personnel avec le chancelier et contenaient
des accusations contre sa propre personne ; que, pour ce
motif, il les avait gardées ; que trois des rapports signalés
s'étaient, par mégarde, glissés dans ses papiers privés ;
que ces trois pièces, il les renvoyait, mais qu'il ne pouvait rien dire de précis au sujet des autres documents
réclamés.

Parmi les dépêches que l'accusé a retenues jusqu'à présent comme sa prétendue propriété particulière se trouvent
les suivantes :

1° Dépêche n° 224, du 8 février 1872, dans laquelle le
chancelier demande un rapport sur une conversation que
l'accusé a eue avec M. de Saint-Vallier.

D'après une communication confidentielle de M. le feld-
maréchal Manteuffel, l'accusé aurait dit à M. de Saint-
Vallier qu'il regardait le gouvernement français actuel
(1872) comme incapable de durer (unhaltbar), ajoutant
que Gambetta suivrait Thiers, la Commune Gambetta, et
une dictature militaire la Commune, si la France ne se
donnait à temps une constitution monarchique.

2° Dépêche n° 239, du 23 novembre 1872, rédigée et

signée par M. de Balan, alors secrétaire d'État par inté-
rim. Cette dépêche contient une instruction formelle sur
l'attitude à prendre vis-à-vis du gouvernement existant à
cette époque et des compétiteurs du pouvoir. Elle réfute,
en outre, les critiques (*Bedenken*) articulées par l'accusé
contre M. Thiers et son gouvernement.

3° Dépêche n° 271, datée du 20 décembre 1872, dans
laquelle le chancelier déclare erronés les rapports faits par
l'accusé sur la situation politique de la France. Dans la
même dépêche, le chancelier discute la question de savoir
quelle serait en France la forme de gouvernement la plus
avantageuse pour l'Allemagne, et donne à l'accusé des
instructions *ad hoc*.

4° Dépêche n° 281, du 23 décembre 1872, concernant
des rapports faits par l'accusé sur des déclarations de
M. Thiers.

5° Dépêche n° 90, du 2 juin 1873, sur des articles du
Gaulois et du *Français*, concernant des paroles prononcées
par l'accusé.

6° Dépêche n° 102, du 28 juin 1873, concernant le
même sujet. Les journaux précités avaient répandu la
nouvelle que l'accusé avait déclaré (*ausgesprochen*) que le
gouvernement allemand ne se souciait guère du maintien
de M. Thiers au pouvoir. L'accusé avait répondu à la
dépêche, alinéa 5, du 2 juin 1873, que la nouvelle en
question était de pure invention. La dépêche n° 102 constate la satisfaction provoquée à Berlin par cette déclaration, mais en même temps la parfaite concordance des
appréciations sur la situation attribuées à l'accusé avec ses
rapports antérieurs.

7° Dépêche n° 104, du 10 juin 1873, demandant une
copie de la dépêche n° 102, relative aux articles du *Gaulois*

et du *Français*. Des doutes avaient surgi sur l'arrivée de cette dépêche à destination, attendu qu'on ignorait si l'accusé était encore à Berlin ou s'il était déjà retourné à Paris.

8° Dépêche des 2 et 3 janvier 1874, signée du secrétaire d'État de Bulow, concernant les lettres pastorales des évêques français et les mesures à prendre à ce sujet. La dépêche discute les mesures qu'on pourrait prendre en vertu de la législation française. En outre, par ordre du chancelier de l'empire, M. de Bulow fait observer à l'accusé que celui-ci n'a encore adressé aucun rapport à ce sujet.

9° Dépêche n° 14, datée du 11 janvier 1874, signée du secrétaire d'État de Bulow, concernant la lettre circulaire adressée par le gouvernement français à l'épiscopat français, dans laquelle la signification de cette lettre et l'attitude des évêques sont soumises à un examen détaillé. Dans la même dépêche, on insiste sur le fait que l'accusé n'a pas formulé les plaintes du gouvernement allemand en temps voulu et d'une manière assez catégorique, et l'on donne de nouvelles informations et instructions.

10° Dépêche n° 33, datée du 21 janvier, concernant le droit des États moyens allemands d'avoir des missions diplomatiques à l'étranger. Cette question y est traitée d'une manière détaillée et l'on y conseille à l'accusé d'avoir plus de déférence pour les instructions de la chancellerie et moins d'initiative personnelle.

11° Dépêche n° 74, datée du 4 mars 1874, signée du secrétaire d'État de Bulow, concernant une lettre personnelle adressée par l'accusé à l'empereur, lettre ayant trait à ce qui est dit sous le n° 10. Cette dépêche fait observer que la copie de la dépêche jointe à la lettre adressée à

l'empereur est inexacte, et qu'elle a nécessité plusieurs rectifications.

12° Dépêche 291, datée du 23 décembre 1873, concernant la représentation diplomatique de la France auprès
des États moyens allemands.

L'accusé ne s'était pas expliqué au sujet de la dépêche
n° 12. Devant le juge d'instruction il a allégué que probablement il avait encore cette dépêche en sa possession.
Quant à la dépêche n° 10, elle se trouve, au dire de l'accusé, entre les mains d'une personne qu'il ne veut pas
nommer.

De toutes ces dépêches, une seule a été portée sur le
journal : c'est la dépêche n° 104, inscrite sous la ru-
brique 7. Il convient d'ajouter que l'inscription de cette
dépêche, dans le journal, a eu lieu en l'absence de l'accusé, par les soins du comte de Wesdehlen.

Il est manifeste que toutes ces dépêches retenues par
l'accusé, qui contiennent des instructions officielles, ne
sont pas seulement formellement, mais aussi matériellement des documents officiels, appartenant non pas à l'accusé, mais à l'État. Il va de soi que les remontrances et
les rectifications, que plusieurs d'entre elles contiennent à
l'adresse de l'accusé, ne sauraient,.en aucune façon, altérer leur caractère.

III. DÉPÊCHES ET RAPPORTS SUR LA DISPARITION DESQUELS L'ACCUSÉ REFUSE TOUTE EXPLICATION.

Parmi ces documents, dont la suppression est également
portée à la charge de l'accusé, se trouvent les suivants :

Dépêches.

1° Dépêche n° 17, du 27 janvier 1872, concernant un mémoire sur des conversations avec le général Fleury.

2° Dépêche n° 13, du 24 janvier 1872, concernant la situation du prince Orloff, ambassadeur de Russie, vis-à-vis de l'Allemagne.

3° Dépêche n° 34, du 10 février 1872, concernant une conversation entre M. Thiers et le prince Orloff.

4° Dépêche n° 35, du 12 février 1872, concernant la situation de la *Gazette de la Croix* vis-à-vis du gouvernement.

5° Dépêche n° 91, du 28 avril 1872, concernant la nomination projetée du cardinal de Hohenlohe au poste d'ambassadeur allemand près le Saint-Siège.

6° Dépêche n° 99, du 12 mai 1872, concernant la situation et les espérances des partis politiques en France.

7° Dépêche n° 210, du 21 octobre 1872, concernant les appréciations de la presse autrichienne et italienne sur Gambetta.

8° Dépêche n° 15, du 2 février 1873, concernant la situation des Allemands à Paris, leurs conditions sociales et les devoirs de l'ambassade impériale à cet égard.

9° Dépêche n° 295, du 30 décembre 1873, contenant des instructions sur l'affaire Rothschild.

10° Dépêche n° 26, du 18 janvier 1874, concernant l'attitude de la France à l'égard de l'Italie, et instructions à ce sujet.

11° Dépêche n° 39, du 23 janvier 1874, concernant le même sujet.

Rapports.

1° Rapport n° 10, du 22 janvier 1872, concernant la crise gouvernementale à Versailles et l'incapacité de M. Thiers.

2° Rapport n° 155, du 1er décembre 1872, relatif au budget et à la situation financière de la France.

3° Rapport n° 158, du 2 décembre 1872, relatif au journalisme allemand à Paris.

4° Rapport n° 13, du 22 janvier 1873, relatif à la situation des Allemands à Paris et aux conditions sociales de cette ville.

5° Rapport n° 21, du 7 février 1873, sur la situation de l'Allemagne vis-à-vis de la France; sur M. Thiers et sur la question de l'évacuation.

6° Rapport n° 30, du 11 avril 1874, sur la situation de l'Allemagne vis-à-vis de la France.

7° Rapport n° 61, du 22 avril 1872, rédigé par M. de Wesdehlen, sur les agissements de M. Gambetta en province.

8° Rapport n° 70, du 6 mai 1872, sur la situation politique de la France; — Thiers et Gambetta.

9° Rapport n° 3, du 7 janvier 1874, sur l'affaire Rothschild.

10° Rapport n° 8, du 13 janvier 1874, sur la situation en France et les partis politiques.

11° Rapport n° 9, du 13 janvier 1874, sur les relations de la France avec l'Italie.

12° Rapport n° 120, du 17 octobre 1872, sur un entretien avec le duc de Broglie, concernant les relations de l'Allemagne avec la France.

En ce qui concerne ce dernier rapport, l'accusé allègue

qu'il est possible qu'il se trouve encore parmi ses papiers personnels.

Des documents ci-dessus, les suivants seuls ont été enregistrés :

1° Les deux dépêches 91, 99, de 1872, et la dépêche 15, de 1873 .

2° Les rapports n° 10, 155, 158, 61, 70, de 1872, et 13, de 1873.

En dehors de l'hypothèse que l'accusé ait enlevé toutes ces pièces, il ne reste plus que les trois hypothèses suivantes :

1° Que les documents se trouvent encore aux archives de l'ambassade. Cette hypothèse est formellement détruite par le fait que le personnel de l'ambassade a procédé à une révision des plus minutieuses des archives à Paris. Du reste, il ressort de la déposition du sieur Hammerdoerfer, employé auxiliaire à la chancellerie de l'ambassade, que les documents non enregistrés dans le journal ne sont même pas arrivés aux archives.

2° Hypothèse qu'un tiers se soit approprié ces documents. Cette hypothèse manque de toute base positive.

La clef du casier des documents était constamment en possession de l'accusé ou du comte de Wesdehlen. Une partie des papiers de l'ambassade était sous la garde directe de l'accusé. Ce dernier a prétendu que les dépêches n°ˢ 26 et 39, classées sous A, n°ˢ 10 et 11, avaient été adressées pendant son absence au comte de Wesdehlen, et qu'il avait remis le 17 janvier 1874 (le lendemain de la mort de sa fille), au même personnage, les rapports n°ˢ 3, 8 et 9, classés sous B, 9, 10 et 11.

Le comte Wesdehlen, de son côté, prétend qu'il avait remis les dépêches n°ˢ 26 et 39 à l'accusé immédiatement après son retour, en même temps que les autres documents et papiers apportés par un courrier de l'ambassade.

Parmi les papiers apportés par le courrier en question, se trouvait aussi la dépêche n° 33 (n° II 10) que l'accusé avoue avoir enlevée. M. de Wesdehlen allègue, en outre, que si l'accusé lui avait jamais remis des documents, chose du reste fort improbable, il les avait certainement rendus.

3° Hypothèse, enfin, que ces documents auraient été glissés par erreur dans les bagages de l'accusé, lors de son changement de domicile. Cette hypothèse est détruite par les faits suivants, qui prouvent en même temps que l'accusé a enlevé avec intention les documents en question :

Le départ de Paris de l'accusé a été ajourné et n'a eu lieu que quelques semaines après son rappel. Il a donc eu assez de temps pour classer sa correspondance officielle et privée. La perquisition opérée à son domicile de Nassenheide, perquisition qui s'est étendue à toute sa correspondance, n'a eu aucun résultat. Si donc le prévenu avait voulu faire des recherches sérieuses, il avait, depuis des mois entiers, tout le loisir de s'y livrer.

Les documents en question ne se rapportent pas seulement à des objets de la plus haute importance et qui sont d'un intérêt tout spécial pour l'accusé ; il y a aussi connexion entre eux par le fait qu'avec les dépêches ont aussi disparu les rapports qui y avaient trait.

Ce sont les dépêches A n° 6, dépêche n° 99 ; n° 8 dépêche n° 15 ; n° 9, dépêche n° 295 ; n° 10, dépêche n° 26 ; n° 11, dépêche n° 39 ; B rapports, n° 8, rapport n° 70 ; n° 4, rapport n° 13 ; n° 9, rapport 3 ; n° 11, rapport n° 9.

3° La façon dont le prévenu, après la mise en disponibilité provisoire, s'est exprimé sur sa situation vis-à-vis du

département des affaires étrangères permet de juger ré-
trospectivement l'idée qu'il se faisait autrefois de sa situation vis-à-vis de l'homme qui dirige, sous sa responsabilité,
la politique extérieure de l'État.

Le 21 septembre 1872, *l'Écho du Parlement*, de
Bruxelles, publiait l'article suivant:

« On dit que l'ambassadeur allemand à Paris, le comte
d'Arnim, a donné sa démission depuis que la question de
l'indemnité de guerre a été définitivement réglée. On
assure que M. le comte d'Arnim a fait valoir cette considération, que le poste d'ambassadeur à Paris n'était pas
un équivalent suffisant pour les désagréments auxquels il
était exposé dans son contact avec la société parisienne.
Si la démission de M. d'Arnim est acceptée, le poste d'ambassadeur restera vacant pour un temps indéterminé.

« Il paraît que le prince de Bismarck a l'intention de ne
laisser à Paris qu'un simple consul, qui serait chargé des
affaires courantes. »

Cette fausse nouvelle, télégraphiée le même jour dans
toutes les directions, provoqua dans toute la presse européenne une vive sensation.

Les faits qui suivent serviront à expliquer les motifs et
le but de la conduite de l'accusé et contribueront à faire
apprécier le degré de croyance qu'on pourrait accorder à
ses allégations, ainsi que son carractère et son attitude
tout entière.

1° Lors de son arrestation à Nassenheide, l'accusé allégua d'abord que les documents qu'il avoue avoir enlevés,
étaient à l'étranger. Il s'offrit ensuite, pour le cas où la
liberté lui serait rendue, à restituer ces documents dans
les trois jours. Finalement, il déclara vouloir les restituer
immédiatement en conduisant un fonctionnaire chez la per-

2.

sonne à laquelle il les avait confiés, si ce fonctionnaire
s'engageait à ne pas dévoiler le nom de cette personne.
Dans les interrogatoires ultérieurs, le prévenu rétracta sa
première déclaration portant que les documents se trouvaient à l'étranger.

2° L'accusé prétend avoir besoin de ces documents pour
sa défense contre les graves imputations formulées par le
chancelier, imputations qui pouvaient, dit-il, compromettre sa réputation. L'accusé semble ici faire allusion aux
incidents dont il sera question plus loin. Au reste, il entend
mettre sa réputation en péril. Il entend sous ces imputations, le reproche formulé à plusieurs reprises, par le
chancelier, d'avoir fait de la politique contraire aux intentions et aux instructions du prince de Bismarck.

Ce reproche est justifié par le contenu des dépêches et
rapports qui sont à la disposition du tribunal.

Le prévenu a rédigé à ce sujet un rapport, en date du
1er octobre 1872, qu'il adressa au département des affaires
étrangères. Voici, textuellement, les premières lignes de
ce rapport :

« Un journal de Paris désigne un M. de Kahlden, bien
connu à Berlin, comme l'auteur responsable de la fausse
nouvelle d'après laquelle j'aurais donné ma démission. Le
bruit court qu'il n'aurait lancé cette nouvelle que par
dépit d'avoir été exclu du Jockey-Club et d'avoir été privé
en conséquence de ses parties de whist ordinaires. Quoi
qu'il en soit, ces quelques lignes, qui auront, par erreur
sans doute, pris le chemin de Bruxelles, ont été la cause
d'une émotion extraordinaire... »

Lorsqu'au commencement d'avril 1874 parurent, dans
la *Presse* de Vienne, les « révélations diplomatiques » dont
il a été question, contenant plusieurs lettres et un *pro*

memoria du prévenu sur le Concile, qui semblaient le désigner comme l'auteur de cette publication, on soupçonna, au département des affaires étrangères, que la note de l'*Écho du Parlement* pourrait bien provenir de la même source. Ce soupçon fut confirmé complétement par un rapport que M. le comte de Wesdehlen, sur la demande du département, avait envoyé, le 13 mai 1874, ainsi que par la déclaration de M. Beckmann, annexées à ce rapport. Il en résulte que ce dernier avait reçu, le 20 septembre 1872, du prévenu, absent à cette époque pour cause de congé, un billet avec la prière de donner à la note qui y était jointe la plus grande publicité possible.

En exécution de cet ordre, Beckmann partit pour Bruxelles, où il obtint la publication de la note, conforme au texte qui lui avait été remis.

A la date du 28 mai 1874, le département des affaires étrangères adressa au prévenu une dépêche, l'invitant à s'expliquer sur cette affaire. Le prévenu répondit de Carlsbad, à la date du 20 juin 1874. Il reconnut l'exactitude du rapport de M. de Wesdehln et celle de la déposition du sieur Beckmann, mais il protesta contre l'assertion du premier tendant à dire que l'article avait été remis à Beckmann au nom de l'ambassade impériale. Le prévenu déclara ce fait matériellement impossible, par ce motif que lui-même était alors en congé et que c'était le comte de Wesdehlen qui dirigeait l'ambassade en son absence. Il ajouta que l'article communiqué à Beckmann pour être publié n'était pas signé de lui et qu'il n'avait pas été exactement reproduit; que, d'ailleurs, il n'avait nullement chargé Beckmann d'aller à Bruxelles. Le prévenu allégua, en outre, que par cet article il avait voulu seulement produire à Paris un « certain effet; » qu'en cela il était d'accord

avec le chancelier de l'empire, lequel aurait approuvé sa
démarche, — ce qui est contraire à la vérité ; qu'enfin,
en rédigeant son rapport du 1ᵉʳ octobre 1872 au département des affaires étrangères, il avait cru que ce dernier
connaissait déjà l'incident.

Cette dernière assertion du prévenu ne saurait se concilier avec la teneur du rapport ci-dessus mentionné.

N° 4. — Le journal de Vienne, la *Presse,* n° 91, du
2 avril 1874, a publié, sous ce titre : *Révélations diplomatiques,* Florence, 27 mars, un article révélant divers écrits
adressés en 1870 par le prévenu, alors ambassadeur près
la curie romaine, à des théologiens catholiques éminents
(on citait le chanoine Dœllinger et l'évêque Hefele), ainsi
qu'un mémoire. Ces écrits avaient rapport à la politique
que le gouvernement suivait vis-à-vis du concile, ou plutôt
qu'il aurait dû suivre d'après les vues de l'auteur.

La publicité donnée à ces documents excita une grande
émotion à raison de la position officielle de leur auteur.

Une observation ajoutée à la seconde lettre, adressée à
l'évêque de... et portant en marge l'annotation suivante :
« Il donna sa parole d'honneur qu'il abdiquerait, mais ne
se soumettrait point, » indiquait à l'évidence que ce n'était
pas le destinataire de l'écrit qui en avait provoqué la
publication. C'est en se rapportant à cette observation que
le prévenu écrivait de Paris, le 11 avril 1874, au sous-
secrétaire d'État, M. de Bulow, textuellement ce qui
suit :

« Des correspondances de moi ont été publiées dans la
Presse de Vienne. A ce sujet, je ne puis déclarer si la
courte lettre qui accompagne le mémoire est ou n'est
pas apocryphe ; mais je sais de la façon la plus pertinente
qu'elle n'était pas adressée à l'évêque Hefele. Je me rap-

pelle avoir communiqué le mémoire personnellement à ce prélat, dans sa demeure, au Quirinal. Du moins, je crois m'en souvenir. Il n'est pas exact non plus que l'un ou l'autre évêque m'ait donné sa parole d'honneur de ne jamais vouloir se soumettre. Beaucoup l'ont promis à eux-mêmes et à d'autres. Mais je n'ai point entendu parler d'une parole d'honneur donnée en ce sens. Je n'aimerais pas à entrer en correspondance avec la *Presse,* mais il me serait très-agréable que M. Hefele, par un communiqué dans des journaux officieux, pût être lavé de tout reproche, en ce qui concerne la rupture d'une parole d'honneur et la réception du billet dont il s'agit. »

Le prévenu, qui avait lui-même provoqué la publication de ces correspondances, cherchait, par cette lettre, à réparer la faute qu'il avait commise. On ne tint aucun compte du désir qu'il avait exprimé. Loin de là, la *Gazette d'Augsbourg* du 25 avril 1874 ayant publié la fameuse lettre au chanoine Dœllinger, le prévenu fut, sur l'ordre de l'empereur, sommé par une dépêche du secrétaire d'État de Bulow, en date du 5 mai 1874, — dépêche qui lui rappelait l'importance du serment des fonctionnaires, — de s'expliquer officiellement et par écrit sur les points suivants :

1° Si la publication faite par la *Presse* de Vienne émanait de lui, directement ou indirectement, ou si elle avait été provoquée par la communication à des tiers des pièces dont il s'agit ; éventuellement, s'il avait été prévenu que cette publication était projetée et quels avaient été les destinataires de ses lettres ;

2° S'il était l'auteur de la lettre publiée par la *Gazette d'Augsbourg* et s'il avait provoqué cette publication.

Le 7 mai 1874, l'accusé répondit qu'il était l'auteur de

la lettre insérée dans la *Gazette d'Augsbourg*, mais il ne s'expliqua ni sur la publicité donnée à cette lettre, ni sur les questions posées dans le 1ᵉʳ paragraphe.

Invité itérativement à s'expliquer, par une dépêche du 10 mai 1874, il répondit le jour suivant que, pour satisfaire à cette demande, il devait correspondre avec des personnes ne résidant pas à Berlin ni même en Allemagne. Par une nouvelle lettre du 14 mai 1874, il reconnut avoir autorisé M. l'abbé Dœllinger à publier la missive (n° 2) qu'il lui avait adressée, puis il ajouta :

« Je ne puis, en aucune façon, être responsable des révélations contenues dans les articles de la *Presse*. Je ne puis non plus demander à d'autres des explications sur ces révélations. Je ne puis nommer les destinataires des deux lettres publiées, mais je crois me rappeler positivement n'avoir jamais écrit à M. Hefele, évêque de Rottenbourg. »

A cette lettre était jointe la copie d'une déclaration de l'éditeur de la *Presse*, protestant contre la prétention de lui faire nommer l'expéditeur des pièces en question, et déclarant que le correspondant du journal n'avait ni nommé le prévenu, ni eu jamais aucun rapport avec lui.

Sans parler de l'invraisemblance de la publication des pièces à l'insu et sans le concours du prévenu, sa déclaration officielle est en contradiction avec les faits suivants :

Le rédacteur de la *Presse* de Vienne est un M. Lauser. M. Landsberg est un homme de lettres allemand vivant à Paris. Parmi les papiers saisis à Nassenheide chez le prévenu, se trouve une notice de sa main ainsi conçue :

« Paris, 22 mai.

» J'ai été aujourd'hui chez Landsberg, qui m'a communiqué une lettre de Lauser, de la *Presse*, dont voici le sens :

» CHER AMI,

» Un certain baron (nom illisible) est venu me voir aujourd'hui pour m'engager, en m'offrant de déposer un *cautionnement* dont je pourrai fixer le montant, à nommer l'expéditeur des *Révélations*. Il paraît donc qu'on ne recule devant aucun moyen. Mon voyage de Florence me sert à souhait cette fois.

» A vous, LAUSER. »

« J'ai rencontré aujourd'hui Beckmann dans la rue. Je savais par Landsberg qu'il avait passé un interrogatoire à l'ambassade. D'après le dire de B..., qui ne me parla pas de son interrogatoire, cette mesure paraît avoir eu pour objet plutôt les faits concernant les *Révélations* que l'indiscrétion précédente de l'*Écho du Parlement*. »

Dans le livre de copie saisi chez le prévenu se trouve encore une lettre écrite par lui de Carlsbad, 7 juin, à ce même Landsberg, et dans laquelle, après quelques rectifications, se trouve ce passage : « J'avais reproduit votre pensée, se résumant en ces mots : « Point de sacrifice et » point de chantage, » en jetant un regard d'envie mélancolique sur l'institution de bienfaisance qui s'appelle : Fonds des R.....

« Vous avez compris que j'aurais taxé de prétention exorbitante votre demande fondée, légitime, honnête, incontestable, timide et discrète, de vous rembourser les dépenses que vous avez faites sur mon désir, demande à laquelle ne pourrait satisfaire que celui qui disposerait des fonds. Malheureusement, si je ne me trompe, j'ai dit : « Je ne puis pas concourir actuellement avec B..., » et

vous avez lu : « Je ne puis pas envoyer actuellement le
» *billet*, parce que je n'ai pas le R..., » tandis que je
voulais dire : « Je ne puis pas faire actuellement pour
» l'amélioration de la presse allemande autant que je vou-
» drais. » Et finalement vous avez compris mes paroles :
« Le billet vous arrivera d'un autre lieu, » comme si j'avais
voulu dire que je vous l'enverrais un jour d'un autre lieu,
tandis que le sens était que je devais charger une personne
qui n'est pas ici, mais à Schwalbach, de vous envoyer la
chose en question, ou plutôt dont il ne peut être question,
sous couvert et sans lettre d'envoi. *Ecce*. Maintenant vous
m'aurez compris. »

En terminant, le prévenu exprime sa reconnaissance
sincère et cordiale à M. Landsberg. Ledit billet doit être
enfin parvenu à Landsberg, qui aura satisfait M. Lauser ;
car, parmi les papiers saisis, il se trouve une lettre de
Lauser à Landsberg, destinée à servir de reçu. Voici cette
lettre :

« Vienne, 11 juin 1874.

» CHER AMI,

» Mille grâces pour la lettre et le souvenir. Comptez
toujours sur mon empressement à vous rendre service.
Bien entendu, je suivrai partout l'appel de notre ami. En
même temps, j'aurai soin de faire honneur à votre recommandation. Bucher est venu chez moi pour me questionner sur l'affaire de corruption. Vous n'oublierez pas
de faire pour moi la commande de vin de Bordeaux.

» Votre LAUSER. »

Dans sa lettre d'envoi au prévenu, Landsberg lui
annonce que Bucher, nommé par Lauser, est un frère du
conseiller intime de légation et est lui-même homme de

lettres. Il ajoute : « Faire venir Lauser à Carlsbad serait certainement une peine inutile à présent. Il veut plutôt dire par sa lettre qu'il accepterait un rendez-vous dans un hôtel de Vienne. Beckmann est parti hier pour Berlin ; on cherchera à exercer par lui une pression sur moi, naturellement sans résultat. »

Landsberg a refusé de déposer comme témoin à ce sujet; il en est de même de Lauser.

Comme il a déjà été dit, le prévenu n'a fait qu'après plusieurs sommations la déclaration relative aux publications de la *Presse* de Vienne, déclaration que le ministère des affaires étrangères réclamait de lui, en lui rappelant son serment de fonctionnaire. Dans une lettre qui a été adressée le 10 mai 1874 au prévenu par un de ses parents, et qui figure parmi les papiers saisis, se trouve une remarque relative à une lettre de l'accusé ; on lui dit qu'il y a quelque chose de subtil dans son refus de placer sous la foi de son serment de fonctionnaire ses réponses à certaine lettre du ministère.

Le brouillon du mémoire publié se trouve parmi ces papiers, saisis chez le prévenu.

N° 5. — Parmi les papiers mentionnés en dernier lieu se trouvait aussi le brouillon d'un article de journal, avec une remarque de la main du prévenu, indiquant que cet article était destiné à la *Gazette de Cologne*. Cet article figure, en effet, au numéro du 29 mars 1872 de ce journal. L'article en question concerne l'évacuation ; il est purement politique et est basé sur la connaissance de faits que le prévenu ne pouvait connaître que grâce à sa position.

Il est évident que le prévenu n'avait pas le droit d'utiliser ainsi la connaissance de ces faits sans l'autorisation du ministre des affaires étrangères.

6° D'après une lettre de Franz Wallner, datée de Marienbad, le 15 juin 1874, et adressée au prévenu, ce dernier a cherché aussi à se mettre en relations avec la *Nouvelle Presse libre,* de Vienne. Il est question dans cette lettre d'un entretien que le signataire a eu, au nom du prévenu, avec le Dr E... (rédacteur du journal), et dans lequel le Dr E... a fait ressortir que ce journal influent avait, dans la dernière affaire contre B..., pris entièrement parti pour le prévenu. On étudie, en outre, dans cette lettre, les moyens de ménager une entrevue du Dr E... avec le prévenu, qui était encore à Carlsbad.

Une autre lettre du Dr Landsberg, ci-dessus mentionné, au prévenu, montre que ce dernier a songé à acquérir ici un grand journal. En parlant de ce projet, Landsberg mentionne comme une chose allant de soi la participation du prévenu, qui devait inspirer le journal, communiquer des faits et écrire des articles.

Les documents administratifs dont il s'agit ici auraient fourni de copieux matériaux pour la rédaction de mémoires ou d'autres articles de journaux. Ils avaient surtout une grande valeur pour l'accusé, comme originaux et preuves, non-seulement au point de vue de sa défense, mais aussi au point de vue des attaques qu'il voulait encore diriger contre la politique actuelle de l'empire d'Allemagne.

En conséquence, et attendu que les papiers en question sont, pour la forme et le fond, des documents dans le sens de l'article 348, § 2 du Code pénal (voir Holtzendorf, *Manuel du droit pénal allemand,* tome III, page 956), et attendu, d'autre part, que le fait du détournement est constitué par l'intention que l'on a de s'approprier illégalement un objet, sans que l'intention du gain soit nécessaire, et que le fait du détournement n'est pas restreint

aux objets ayant une valeur commerciale (voir Holtzendorf, *ibid.*, pages 634, 635 et suiv., pages 668, 693, 698
et suiv., et Oppenhof, *Commentaires sur le Code pénal
allemand,* à l'art. 243, nᵒˢ 4, 52, et à l'art. 246, nᵒˢ 3 et
46), le comte d'Arnim est prévenu d'avoir, en l'hôtel de
l'ambassade d'Allemagne, à Paris, de 1872 à 1874, par ce
seul et même fait, en sa qualité de fonctionnaire :

(*a*) Fait disparaître des documents administratifs qui lui
avaient été confiés administrativement ;

(*b*) De s'être approprié également des objets (les documents mentionnés sous *a*) qu'il avait reçus en sa qualité de
fonctionnaire.

Délits prévus par les articles 348, 350 et 73 du Code
pénal.

Je conclus donc à ce que l'information soit ouverte
contre lui, et à ce que les personnes désignées ci-dessous
soient, en temps utile, citées à comparaître comme témoins
dans le procès, au cours duquel je me réserve de demander le huis clos et de faire donner lecture, à titre de pièces
à conviction, des documents ci-dessus mentionnés.

Voici la liste des témoins :

1ᵒ Le conseiller aulique Roland, directeur du bureau
central au ministère des affaires étrangères ;

2ᵒ Le conseiller d'ambassade comte de Wesdehlen, à
Paris ;

3ᵒ Le directeur de la chancellerie de l'ambassade, de
Scheven, à Paris ;

4ᵒ L'employé militaire à la chancellerie, Hammerdœrfer, à Paris ;

5ᵒ Le chancelier de légation Hœhne, à Marseille ;

6ᵒ Le conseiller aulique et directeur de la chancellerie
de l'ambassade, Gasperini, à Vienne ;

7° Le docteur Landsberg, homme de lettres, à Paris;

8° Le feld-maréchal baron de Manteuffel, à Berlin;

9° M. Kœnig, président du bureau fédéral pour l'indigénat, à Berlin.

Berlin, le 11 novembre 1874.

Le procureur d'État près le Tribunal royal
de première instance,

Signé : TESSENDORFF.

ANNEXE DE L'ACTE D'ACCUSATION DRESSÉ CONTRE LE COMTE HARRY D'ARNIM.

Les documents suivants ont été remis après coup au parquet par les soins de l'avocat Munckel :

1° Les dépêches n° 17, 18, 34, 91, 11 et 99, de 1872, et le rapport n° 70 de 1872;

2° Les dépêches n° 16 et 273, lesquelles n'ont pas été comprises dans l'acte d'accusation, par ce motif que l'intérêt de l'État commande de les tenir secrètes.

L'avocat Munckel a allégué que ces documents ont été trouvés dans un sous-main qui était demeuré empaqueté.

Ces documents font partie de ceux au sujet desquels le prévenu avait plusieurs fois déclaré qu'ils devaient se trouver encore à Paris. Leur remise n'atténue en aucune façon les griefs formulés par l'accusation.

Berlin, le 13 novembre 1874.

Le procureur d'État près le Tribunal royal
de première instance.

Signé : TESSENDORFF.

RECUEIL COMPLET

DES

DOCUMENTS POLITIQUES

ET DES AUTRES PIÈCES

QUI ONT FIGURÉ DANS LE PROCÈS

Les documents sont classés par ordre chronologique.

RAPPORT Nº 10

Du 22 janvier 1872

DE M. D'ARNIM A M. DE BISMARCK.

(Par courrier de cabinet.)

A Son Altesse le prince de Bismarck.

« Paris, 22 janvier 1872.

» La querelle de l'Assemblée nationale et du président présentait un intérêt moins vif qu'on ne l'a cru en général, parce qu'il était certain d'avance qu'il ne resterait rien de la crise gouvernementale, sinon le désir universel d'apaiser et de se laisser apaiser.

» Plus d'une fois déjà, au moment de se battre en duel, des adversaires ont découvert sur le terrain que mouiller leur poudre de pleurs d'attendrissement serait plus sage que de se mettre réciproquement en danger. On échange en pareille circonstance des déclarations qui, d'habitude, rendent les deux parties ridicules aux yeux du public. — C'est ici le cas. M. Thiers a donné une nouvelle preuve de

son impuissance à se dominer et à dominer les autres.
Pendant une discussion qui a duré dix-huit jours, il a pris
dix-sept fois la parole pour se poser vis-à-vis de l'Assemblée nationale, avec une sincère infatuation, comme le
seul homme infaillible dans toutes les choses dont il ne
sait pas le moindre mot.

» Il a cité des chiffres dont la fausseté est prouvée ; il a
émis des théories qui n'ont pas trouvé dans l'Assemblée
nationale un seul partisan. Il a certifié qu'il possédait l'assentiment des cabinets en ce qui touche la modification
des tarifs, quand pas un seul cabinet connu ne lui avait
donné le sien.

» Il s'est perdu dans de petits détails puérils qui n'ont
pas la moindre importance pour la question dont il s'agit,
et, en fin de compte, avec toutes ces erreurs, ces assertions fausses, ces minuties et ces prophéties, il a composé
un dogme comme son collègue en infaillibilité, avec une
irascibilité vraiment papale, et établi une série de cas de
conscience, de sorte qu'il en a été réduit à l'opération
suivante, calculée en vue d'un mouvement tournant :
simuler une retraite, avec un *non possumus ultrà* pour
mot de ralliement.

» Il a ainsi tout mis sens dessus dessous et forcé l'Assemblée, qui ne menait ou ne pouvait mener rien à bout,
à un acte de génuflexion formelle et à l'humiliant aveu de
son impuissance. On a beaucoup pleuré, beaucoup combattu en l'air, beaucoup menti et avalé beaucoup de bile.

» Le résultat le plus clair est une nouvelle révélation
de l'état de désorganisation où se trouve cette masse
d'hommes qu'on appelait autrefois la grande nation française.

» Pour nous se pose la question de savoir si le gouvernement de M. Thiers, avec lequel nous avons signé la paix, qui doit représenter la France vis-à-vis de nous, a été sensiblement affaibli par les derniers événements.

» Dans mon opinion, il est à peine possible d'avoir un doute à ce sujet.

» Au conflit avec l'Assemblée s'ajoute le mécontentement que M. Thiers a éveillé chez ses propres ministres, tant par son attitude générale que par ses empiétements sur leurs attributions.

» A ce propos, je ferai seulement remarquer que le président a modifié de son autorité privée le tarif douanier présenté par le ministre des finances, sans prévenir ce dernier, notamment en ce qui concerne l'élévation des droits de retour à accorder. M. Pouyer-Quertier avait, en conséquence, déjà donné plusieurs fois sa démission quelques jours avant la crise, mais il a consenti à rester, parce qu'il tient à terminer la liquidation financière avec l'Allemagne.

» Un tel exemple suffit pour montrer dans quelle mesure la durée du gouvernement actuel dépend des caprices absolutistes du président, et, par suite, du hasard.

» Une considération essentielle en cette matière, c'est que, dans la dernière crise, la crainte de l'Allemagne a été un motif très-efficace pour ne pas chercher des combinaisons dont nous pourrions nous formaliser.

» Mais l'état des choses est tel, que le président défendra incontestablement avec la même obstination qu'il a montrée dans la question des douanes, des idées favorites dont nous ne souhaitons pas, dont peut-être nous ne pouvons permettre la réalisation.

» Une nouvelle querelle peut donc très-facilement éclater entre la majorité de l'Assemblée nationale et le prési-

3

dent dans une question sur laquelle il n'aurait pas nos
sympathies. Au cas où une telle éventualité se produirait,
il ne serait pas impossible qu'on vît se déchirer le faible
rideau qui sépare la situation actuelle de la guerre civile,
si tant est que la France soit encore susceptible de dé-
ployer une activité vitale aussi saine que le serait la guerre
civile en comparaison de la fièvre paludéenne du moment
actuel.

» Signé : D'ARNIM. »

(Pièce sur laquelle M. le comte d'Arnim a déclaré ne pouvoir donner
aucun renseignement.)

DÉPÊCHE N° 17

Du 24 janvier 1872

DE M. DE BISMARCK A M. D'ARNIM.

(Confidentielle, très-sûre et secrète, transmise par le directeur général
des postes Stephan.)

« Berlin, 24 janvier 1872.

» L'ambassadeur impérial à Saint-Pétersbourg a eu connaissance du contenu d'un rapport qui avait été présenté à
S. M. l'empereur Alexandre, concernant une conversation
avec le général Fleury, et il m'a fait part des opinions et
des sentiments que ce dernier a exprimés d'après ce document.

» J'adresse à Votre Excellence, en annexe, une copie
de ma réponse au prince Reuss, pour vous orienter sur les
vues du gouvernement de Sa Majesté et sur notre situation
en présence de ces efforts de l'esprit de parti; mais je vous
prie de considérer cette communication comme confidentielle et destinée à vous renseigner.

» Vu l'intérêt particulier que Votre Excellence doit avoir
à être bien informée sur les tendances et les opinions des

partis en France, je vous communique en même temps les principaux passages du rapport même, également à titre confidentiel et avec la prière d'en garder le secret.

» *Signé :* DE BISMARCK. »

(Pièce restituée par M. le comte d'Arnim au cours du procès.)

DÉPÊCHE N° 18

Du **29** janvier 1872

DE M. DE BISMARCK A M. D'ARNIM.

(Sûre et confidentielle.)

■ Berlin, 29 janvier 1872.

» Le rapport de Votre Excellence, du 23 courant, sur l'audience que le prince Orloff a eue chez le président de la République française, s'est croisé avec ma dépêche confidentielle n° 16, du 21. J'ai à peine besoin d'exprimer la conviction que l'article du *Soir* ne concerne le prince à aucun point de vue, pas même indirectement. Je prie Votre Excellence de ne pas se laisser égarer par le renom de sympathie pour la France qui, ainsi que vous le remarquez, a précédé le prince, ni par les déclarations de M. de Rémusat; mais de regarder et de traiter, bien au contraire, le prince Orloff en toute confiance comme un ami sûr de l'Allemagne. Le connaissant depuis de longues années, je ne puis partager la crainte que les adulations qui l'entoureront probablement à Paris n'amènent un changement dans ses sentiments.

» Le prince Orloff est tout disposé à payer comptant et en bon argent toutes les flatteries, en tant qu'elles contribuent à lui donner du prestige. Mais, *politiquement* parlant, il n'y est pas accessible, parce que le sentiment national

3.

russe est très-fort chez lui, ce qui l'oblige à entretenir de bons rapports avec nous.

                    » *Signé :* VON BISMARCK. »

(Pièce restituée par M. d'Arnim au cours du procès.)

———————

DÉPÊCHE N° 34
Du 10 février 1872
DE M. DE THIELE A M. D'ARNIM.
(Confidentielle et sûre, par courrier de cabinet.)

                    « Berlin, le 10 février 1872.

» J'adresse ci-inclus à Votre Excellence, d'une manière tout à fait confidentielle, et pour vous renseigner person-nellement, copie d'un rapport de l'ambassadeur impérial à Saint-Pétersbourg, en date du 1er courant, concernant les communications confidentielles faites par S. M. l'em-pereur Alexandre au prince Reuss sur la première conver-sation du prince Orloff avec M. Thiers.

» Quant à la lettre de M. Thiers à Mgr Dupanloup, mentionnée à la fin du rapport, et publiée dans le *Nord*[1] du 30 janvier avec cet en-tête : « On nous com-munique, avec prière de l'insérer, la lettre suivante : à S. G. Mgr Dupanloup », je prie Votre Excellence de la lire dans ce journal, que vous avez certainement à votre disposition.

                    » *Signé :* DE THIELE. »

(Pièce restituée par M. d'Arnim au cours du procès.)

[1] Le *Nord* a déclaré, au cours du procès, que cette lettre n'était pas de M. Thiers.

———————

DÉPÊCHE N° 35

Du 12 février 1872

DE M. DE BISMARCK A M. D'ARNIM.

(Sûre et confidentielle, par courrier de cabinet.)

« Berlin, 12 février 1872.

» Votre Excellence déclare, dans son rapport n° 23, du 6 courant, qu'elle cherche en vain une affirmation émanée d'elle, pouvant justifier la crainte qu'elle ne soit pas suffisamment orientée sur les questions concernant l'état de la presse allemande.

» Si Votre Excellence se représente le contenu de son rapport du 24 du mois dernier et calcule l'impression que la manière dont elle y mentionnait la *Gazette de la Croix* devait produire, elle trouvera cette crainte concevable, et je dois ajouter que votre rapport, cité plus haut, ne l'a pas encore dissipée. La *Gazette de la Croix*, non-seulement, n'est pas une feuille privilégiée, mais encore elle a adopté depuis longtemps vis-à-vis du gouvernement une attitude de franche opposition, et a complétement cessé d'être accessible à son influence. Si ce fait avait été aussi connu de Votre Excellence qu'il aurait pu l'être pour quiconque observe avec attention les allures de la presse nationale, j'aurais pu attendre de Votre Excellence, dans son rapport, un mot indiquant qu'elle s'était hâtée d'appeler sur la véritable importance de ce journal l'attention du président ou des cercles où son article a produit du mécontentement et de l'aigreur. L'absence d'une telle indication et la gravité que vous attachez vous-même à l'attitude de la *Gazette de la Croix* me montraient que Votre Excellence n'est pas entièrement orientée sur ce point : dès lors il ne pouvait me paraître superflu de vous transmettre des

éclaircissements qui, comme je le croyais, devaient vous
être agréables sans vous fournir matière à des explications
ultérieures. Je prie Votre Excellence de vouloir bien avoir
égard à l'accumulation des affaires qui, en réalité, est plus
grande ici qu'on ne le croit peut-être à Paris, et qui me
laisse peu de loisirs pour de *pareilles* explications.

» Je ne puis pour ces motifs que renouveler ma prière,
en invitant Votre Excellence à tenir compte de mon avertissement, concernant le correspondant de la *Gazette de la
Croix*. On ne peut supposer que la police parisienne se
soit formé un jugement sur l'importance de cette personne,
mais ses liaisons avec la *Gazette de la Croix* sont connues,
et, comme il n'est pas douteux que chaque visite faite par
elle à l'ambassade est remarquée et notée, je prie formellement Votre Excellence de ne plus la recevoir.

» Je me permets, à ce propos, d'appeler de nouveau
l'attention de Votre Excellence sur la surveillance dont sa
maison est incontestablement l'objet de la part de la police,
de lui rappeler le vol d'une cassette renfermant des lettres
chez M. de Goltz, et de la prier d'être prudente en ce qui
touche les domestiques, dont l'un au moins est régulière-
ment soldé par la police française.

» *Signé* : DE BISMARCK. »

(Pièce sur laquelle M. d'Arnim a déclaré ne pouvoir donner aucun
renseignement.)

———

RAPPORT N° 61

Du 22 avril 1872

DE M. DE WESDEHLEN, SECRÉTAIRE D'AMBASSADE.

A Son Altesse le prince de Bismarck.

• Paris, le 22 avril 1872.

» J'ai reçu du consul de Gramatzki un rapport sur la

visite que Gambetta a faite récemment à la ville du Havre, et
j'ai l'honneur d'en transmettre ci-dessus un extrait à Votre
Altesse :

» Les journaux ont donné des détails circonstanciés sur
l'excursion en province par laquelle M. Gambetta a utilisé les vacances de la Chambre, ainsi que sur ses discours
d'Angers et du Havre ; mais il n'est pas sans intérêt d'apprendre par un témoin oculaire digne de foi l'impression
que l'apparition du chef du parti républicain a produite
sur les lieux.

» Sa réapparition subite sur la scène politique, lorsque
la réserve observée par lui à la Chambre pendant les dernières semaines pouvait presque passer pour une abdica-
tion, et d'autre part, la modération relative de son langage
actuel, ne peuvent avoir manqué leur effet et doivent avoir
rappelé à la droite qu'elle aura longtemps encore à compter
avec cet adversaire.

» En insistant sur sa solidarité avec la politique du président, sauf pourtant le côté économique ; en qualifiant de
calomnie l'assertion qui fait de la République l'ennemie
de la famille, de la propriété et de la religion ; en rappelant à titre de preuve que la majorité du peuple français
doit, en réalité, ces biens à la première et glorieuse Révolution ; en proclamant hautement, enfin, que l'armée doit
être reconstituée, parce qu'elle est l'institution qui ramè-
nera dans le sein de la patrie les fils divisés de la France,
l'ancien dictateur a cherché à persuader ses compatriotes
qu'ils doivent le regarder comme le successeur légitime du
président actuel, puisqu'il leur offre les mêmes garanties
de paix et d'ordre à l'intérieur. D'autre part, il n'a pas
manqué de s'exprimer sur la question nationale dans des
termes qu'un chef de parti peut seul se permettre.

» Sur la question, soulevée à la fin du rapport de M. Gramatzki, de savoir si l'admission des sujets allemands au
droit de domicile est considérée par le gouvernement allemand comme ne faisant pas de difficulté, et si, par suite,
on doit la favoriser, je ne me permets pas de prendre une
résolution, et je laisse à Votre Altesse le soin de me
donner des instructions sur l'avis à transmettre au consulat
impérial.

> *Signé* : WESDEHLEN. »

(Pièce sur laquelle M. d'Arnim a déclaré ne pouvoir donner aucun
renseignement.)

DÉPÊCHE N° 91

Du 28 avril 1872

DU PRINCE DE BISMARCK AU COMTE D'ARNIM.

(Confidentielle, par courrier de cabinet.)

« Berlin, le 28 avril 1827.

» J'informe confidentiellement Votre Excellence de la
décision prise par S. M. l'empereur et roi de nommer le cardinal prince de Hohenlohe au poste d'ambassadeur de l'empire allemand près le saint siége. Ce choix fournira une
nouvelle preuve des efforts faits par le gouvernement de Sa
Majesté pour maintenir, autant que cela peut dépendre de
lui, la paix avec la curie romaine. En effet, il ne viendra
à l'idée de personne qu'un cardinal puisse être un instrument propre à représenter des tendances hostiles au pape.
La personnalité du cardinal prince de Hohenlohe le rend
éminemment apte à recevoir cette preuve de la confiance
du Souverain. On sait qu'il est toujours demeuré fidèle à
sa situation de prince allemand et de prince catholique,
et qu'il ne s'est jamais laissé aller aux courants qui ont pris

une direction si regrettable. Il a abandonné son domicile
à Rome, et, depuis le concile, il habite l'Allemagne. Durant son séjour à Berlin, il s'est déclaré prêt à accepter
ce poste. J'ai informé officiellement le cardinal Antonelli
du choix que Sa Majesté a fait pour représenter l'Empire
allemand près le Saint-Siége. D'ici à quelques jours, le
prince de Hohenlohe se rendra à Rome pour remettre ses
lettres de créance. En attendant, je prie Votre Excellence
de considérer cette communication comme confidentielle
et n'ayant d'autre objet que de vous mettre en mesure de
réfuter les appréciations erronées et de faire paraître notre
attitude sous son vrai jour.

» *Signé*: DE BISMARCK. »

(Pièce restituée par le comte d'Arnim au cours du procès.)

RAPPORT N° 70

Du 6 mai 1872

DE M. D'ARNIM A M. DE BISMARCK.

*A Son Altesse le prince de Bismarck, chancelier
de l'Empire.*

« Paris, le 6 mai 1872.

» Dans mon dernier entretien avec M. Thiers, cet homme
d'État m'a répété dans les termes les plus chaleureux
combien est sincère et ardent son désir de maintenir la
paix, une longue paix. La France, a-t-il dit, n'est pas en
état de faire une nouvelle guerre; aussi cherche-t-il à éviter
toutes les complications, à prévenir tous les conflits, en
quelque lieu qu'ils puissent se produire.

» Après bien des années, a-t-il ajouté, quand la France
aura retrouvé ses forces, la tendance prédominante de-

devra être nécessairement de lui faire chercher une compensation pour les pertes subies, et si un jour l'Allemagne
était entraînée dans des complications avec d'autres puissances, le moment serait venu de régler les comptes. Mais
cela ne voudrait pas dire que, dans un cas pareil, la
France devrait se lever contre l'Allemagne. Il ne serait
pas impossible d'imaginer que l'Allemagne serait alors dis-
posée à acheter l'alliance française par des compensations,
qui pourraient rendre une guerre inutile. Au reste, lui,
— Thiers, — ne verrait rien de tout cela. Il est, dit-il,
fatigué, vieux, malade et si dégoûté de l'attitude stupide-
ment ingrate de l'Assemblée nationale, qu'il n'a pas d'autre
pensée que celle de délivrer son pays de l'occupation et
de se retirer ensuite.

» J'ai répondu au président que je ne pouvais avoir aucun doute sur la sincérité de ses déclarations, parce qu'elles
répondaient à la nature des choses; mais que sa sagesse
personnelle et son amour personnel de la paix nous offraient, en somme, de bien faibles garanties, aussi longtemps que nous n'aurions aucune certitude sur la durée de
son gouvernement et sur son successeur.

» J'ai ajouté qu'il se trouvait journellement à la veille
de se brouiller avec l'Assemblée nationale et de lui jeter
son portefeuille à la face. Sur qui pourrons-nous donc
compter alors? M. Thiers répondit que l'Assemblée n'a-
vait aucun désir de se brouiller avec lui; que, si toutefois
la chose arrivait, ou si la mort venait à le surprendre, il
n'aurait pour successeur, dans son opinion, ni Henri V,
ni Aumale, ni Gambetta, mais un honnête bourgeois,
comme, par exemple, Casimir Périer.

» Il ne pouvait, selon lui, être question de Napoléon;
du reste, il avait vu dernièrement le général Fleury, et

avait reçu de lui l'assurance que les bonapartistes renon-
çaient à toute idée de conspiration pendant la durée de sa
présidence. Sans doute, ils réservaient leurs prétentions
pour l'avenir, mais, à l'entendre, ils n'avaient pas de
chances favorables. Voilà ce que m'a dit M. Thiers.

» L'opinion de tous ceux qui connaissent non-seulement
Paris, mais aussi la province, est qu'il s'abuse sur la
situation.

» Pour ne pas me perdre dans les nuances, j'ose affirmer
que, d'après une conviction très-répandue, le suffrage universel ne peut avoir que deux résultats : ou Gambetta ou
Napoléon.

» En ce qui concerne le premier, il est évident qu'il fait
journellement de nouveaux progrès en province, notamment dans le Midi. Le socialisme et la démocratie rouge
gagnent en particulier du terrain au sein des populations
rurales, et les choses en sont arrivées au point que les
paysans sont plus radicaux que les Parisiens. Partout où a
lieu une manifestion de l'opinion publique, elle est favorable à Gambetta et à la République rouge. Même dans
l'armée il en est ainsi, d'après le jugement du maréchal
Bazaine. Il tient l'armée pour corrompue jusqu'à la moelle,
et est persuadé en particulier qu'elle ne s'opposerait pas
au courant dominant, mais le suivrait. Mac Mahon, à ses
yeux, n'est pas une garantie pour le maintien de l'ordre.

» En ce moment on peut encore chercher dans le prestige du nom des Napoléons un contre-poids à la puissance
envahissante de la démocratie, — qui du reste ne trouverait en Gambetta qu'une expression provisoire. Le maréchal Bazaine pense qu'aujourd'hui l'Empire est encore
assez fort pour saisir les rênes du gouvernement.

» Il est indubitable que les classes élevées et riches

qui ne trouvent une garantie ni dans Aumale, ni dans Casimir Périer, ni dans Gambetta, se réfugieraient sans hésitation sous les ailes de l'Empire.

» Cependant, il n'est pas très-facile de diriger les événements de telle sorte que l'Empire puisse réellement sauter en selle au moment opportun.

» Le calcul des faiseurs bonapartistes repose sur l'hypothèse que l'Assemblée nationale, dans le cas d'une vacance présidentielle, nommera un dictateur. Ce dictateur devrait être Mac Mahon, le général de Cissey ou le général Vinoy.

» Tous trois se seraient engagés à organiser un appel au peuple, duquel sortirait Napoléon, d'après l'opinion des impérialistes.

» Mais si pourtant l'Assemblée nationale ne nommait pas de dictateur? ou si elle élisait président d'Aumale ou Casimir Périer?

» Le parti bonapartiste compte que nous lui viendrions alors en aide dans notre propre intérêt, en sommant le dictateur ou le président peu sûr d'établir un gouvernement qui pût nous garantir la paix et nous donner en même temps une sauvegarde contre la propagande révolutionnaire.

» Mon opinion, déjà exprimée ailleurs, est que nous ne devons pas repousser les tentatives faites par les bonapartistes pour entrer en relation avec nous. Et cela d'autant moins que, d'une part, ils ne trament pour le moment aucune intrigue contre le gouvernement actuel, et que, de l'autre, ils sont de tous les partis le seul qui cherche ouvertement notre appui, et qui inscrive dans son programme la réconciliation avec l'Allemagne, tandis que les autres partis et fractions de parti évitent avec le plus grand soin tout rapport avec nous èt font de la guerre de revanche la devise de leurs drapeaux.

» Je vois dans la candidature du duc d'Aumale un péril tout aussi grand que dans celle de Gambetta; et la République dite décente, qui serait représentée par Casimir Périer ou Grévy, ne peut être qu'une forme de transition précédant Gambetta. En effet, le système de Thiers lui-même n'est possible en ce moment que grâce à ses rapports toujours plus intimes avec Gambetta.

» La marche la plus désirable des affaires politiques me paraît donc être celle qui, d'un côté, nous laisserait le temps de conclure un arrangement avec le gouvernement actuel pour le payement et la mise en sûreté des trois milliards, et qui, de l'autre, hâterait l'inévitable changement gouvernemental de telle sorte que la présence de nos troupes dans le pays pût nous donner encore l'occasion d'exercer une influence sur la crise.

» Signé : D'ARNIM. »

(Pièce restituée par M. d'Arnim au cours du procès.)

DÉPÊCHE N° 99

Du 12 mai 1872

DE M. DE BISMARCK A M. D'ARNIM.

(Confidentielle, par courrier de cabinet.)

« Berlin, le 12 mai 1872.

» Le rapport n° 70 de Votre Excellence, en date du 6 courant, sur la situation et les chances des partis en France, a été pour moi d'un grand intérêt. Les observations qui s'y trouvent consignées ne font que confirmer ce qui me revient d'autre part aussi par des informations

privées, à savoir que les princes d'Orléans, notamment
par leur conduite dans les affaires d'argent, perdent chaque jour plus de terrain en France, et je reconnais également avec Votre Excellence que l'Allemagne n'a pas de
raisons pour désirer leur arrivée au pouvoir, mais qu'au
contraire, parmi les divers partis qui se disputent la domination, le parti de l'Empire bonapartiste est probablement
celui avec l'aide duquel on pourrait encore se flatter le
plus raisonnablement d'établir des rapports tolérables
entre l'Allemagne et la France. Notre premier devoir est
naturellement de soutenir, comme nous l'avons fait jusqu'à
présent, le gouvernement actuel, aussi longtemps qu'il
représentera pour nous la volonté d'exécuter loyalement
le traité de paix. Ce qui viendra après lui devra se légiti-
mer de nouveau vis-à-vis de nous dans ce sens; nous
n'avons aucun motif pour exclure le parti bonapartiste,
ou pour faire quoi que ce soit qui puisse l'affaiblir, lui
nuire aux yeux de la nation ou rendre sa position plus difficile. Or, une politique qui, s'écartant de notre réserve
habituelle, prendrait fait et cause pour lui et le favorise-
rait, aurait certainement ce résultat.

» A ce point de vue, je vous prie aussi de prendre en
considération ce que je vous ai dit dans ma dépêche particulière d'aujourd'hui sur le maréchal Bazaine.

» *Signé :* DE BISMARCK. »

(Pièce restituée par M. d'Arnim au cours du procès.)

DÉPÊCHE N° 101

Du 14 mai 1872

DE M. DE BISMARCK AU COMTE D'ARNIM.

(Confidentielle.)

« Berlin, le 14 mai 1872.

» La santé du Pape Pie IX, d'après tous les rapports qui nous arrivent, est tout à fait satisfaisante et ne présente aucun symptôme d'un prochain changement. Mais, tôt ou tard, une nouvelle élection pontificale aura nécessairement lieu. L'attitude du chef suprême de l'Église catholique, pour tous les gouvernements des États où cette Église a une situation reconnue, a une importance telle qu'il semble opportun de songer en temps utile aux conséquences d'un changement dans la personne du Pape. Un fait depuis longtemps reconnu, c'est que tous les gouvernements qui ont des sujets catholiques sont, par cela même, grandement et directement intéressés dans l'élection d'un Pape, et, en particulier, à ce que cette élection soit, quant à la forme et quant au fond, entourée de toutes les garanties qui peuvent permettre aux gouvernements de la reconnaître dans leurs États comme valable et régulière et excluant toute possibilité de doute pour eux-mêmes et pour leur population catholique. En effet, il me paraît incontestable que les gouvernements, lorsqu'il s'agit de concéder à un souverain issu de l'élection et appelé à exercer dans leurs propres États des droits aussi étendus, et, par beaucoup de points, allant presque jusqu'à la souveraineté, doivent, avant de lui accorder l'exercice pratique de ces droits, examiner consciencieusement la question de savoir s'ils peuvent reconnaître l'élection. Il n'est pas plus possible de se représenter un Pape que tous les souverains

européens ou la plupart d'entre eux croiraient devoir, pour
des raisons de forme ou de fond, refuser de reconnaître,
qu'il ne l'est de se représenter un évêque exerçant des
droits dans un État quelconque sans avoir été reconnu par
le gouvernement de cet État.

» Il en était déjà ainsi sous l'ancien ordre de choses,
alors que la situation des évêques était plus indépendante
et que les gouvernements ne se trouvaient que rarement
en contact avec le Pape au sujet des affaires ecclésiastiques. Les concordats conclus au commencement de ce
siècle ont déjà donné lieu à des relations plus directes, et
en quelque sorte plus intimes, entre le Pape et les gouvernements; mais le concile du Vatican, par ses deux princi-
pales décisions touchant l'infaillibilité et la juridiction du
Pape, a surtout changé complétement la situation de ce
dernier, et cela également vis-à-vis des gouvernements; ce
concile a augmenté par là, au suprême degré, l'intérêt
que les gouvernements attachent à l'élection pontificale et
donné ainsi une base plus solide au droit qu'ils ont de s'en
occuper. En effet, les décisions dont il s'agit ont mis le
Pape en état de s'approprier les droits épiscopaux dans
chaque diocèse et de substituer le pouvoir pontifical à celui des évêques du pays. La juridiction épiscopale a été
absorbée par la juridiction pontificale; le Pape ne se borne
plus, comme auparavant, à exercer quelques droits réservés, mais il jouit de la plénitude des droits épiscopaux; il
est mis, en principe, à la place de chaque évêque, et il ne
tient qu'à lui de se mettre à chaque instant à leur place
dans la pratique vis-à-vis des gouvernements. Les évêques
ne sont plus que ses instruments, ses fonctionnaires sans
responsabilité propre; ils sont devenus, vis-à-vis des gouvernements les fonctionnaires d'un souverain étranger et

d'un souverain qui, en vertu de son infaillibilité, est complétement absolu, plus absolu qu'aucun autre monarque
de la terre. Avant que les gouvernements accordent à un
nouveau Pape une semblable situation et lui permettent
d'user de pareils droits, *il faut* qu'ils se demandent si le
choix et la personne de ce Pape offrent les garanties qu'ils
ont le droit d'exiger contre l'abus d'un tel pouvoir. J'ajouterai que, précisément dans les circonstances actuelles, on
ne peut espérer, avec certitude, que l'on mettra en pratique même les garanties dont les conclaves s'entouraient
autrefois et que ces assemblées offraient déjà par leur forme
et leur composition. Le droit d'exclusion exercé par le
souverain du Saint-Empire romain, l'Espagne et la France,
n'a été que trop souvent illusoire. L'influence que les différentes nations pouvaient exercer dans les conclaves par
les cardinaux de leur nationalité dépendait de circonstances accidentelles. Qui peut prévoir dans quelles conditions la prochaine élection pontificale aura lieu, si on
n'essayera pas d'y procéder d'une manière prématurée, et
si, par conséquent, les anciennes garanties seront assurées, ne fût-ce même que quant à la forme?

» En raison de toutes ces considérations, il me semble
désirable que tous les gouvernements européens que l'élection pontificale touche, à cause des intérêts de leurs sujets
catholiques et à cause de la situation de l'Église catholique dans leur pays, étudient à temps les questions qui se
rattachent à cette élection et s'entendent, s'il est possible,
entre eux sur l'attitude qu'ils doivent prendre vis-à-vis de
cet acte et sur les conditions dont ils pourront, en cas de
besoin, faire dépendre la reconnaissance de l'élection.

» Une entente des gouvernements européens dans ce
sens serait d'une importance immense. Elle permettrait

4

peut-être de prévenir de graves et périlleuses complications.

» En conséquence, je prie Votre Excellence de pres-
sentir d'abord confidentiellement le gouvernement près
lequel vous avez l'honneur d'être accrédité, sur le point
de savoir s'il serait disposé à se prêter à un échange
d'idées, et, éventuellement, à une entente avec nous sur
cette question. La forme en laquelle cela pourrait se faire
sera facile à trouver, une fois que nous serons assurés des
dispositions favorables des gouvernements.

» J'autorise Votre Excellence à donner lecture de cette
dépêche. Mais je vous prie de ne pas en donner copie jusqu'à nouvel ordre, et je vous recommande, d'ailleurs, de
traiter cette affaire avec discrétion.

» Signé : DE BISMARCK. »

(Cette pièce a été restituée par le comte d'Arnim avant le procès. Elle
n'a pas été lue à l'audience publique, mais elle a été publiée, le 29 décembre 1874, au *Moniteur officiel de l'Empire d'Allemagne.*)

---

*Rapport n° 78, du 17 mai 1872, du comte d'Arnim au
ministère des affaires étrangères,* concernant l'élection
pontificale et la situation de l'Allemagne vis-à-vis de la
curie romaine.

(Cette pièce, qui n'a pas été lue à l'audience publique, a été restituée
par le comte d'Arnim avant le procès.)

ARTICLE
Publié par le comte D'ARNIM, *dans la* Gazette de Cologne
du 29 mai 1872.

LA FRANCE ET L'ALLEMAGNE.

▪ Cologne, 29 mai.

» En lisant les journaux français qui nous sont parvenus

dans les derniers jours, on ne peut s'empêcher de reconnaître avec tristesse qu'il est excessivement difficile de parler tranquillement affaires avec nos voisins d'au delà de la
Moselle et des Vosges. Les Français soutiennent depuis
longtemps que tous leurs efforts ne tendent qu'à éloigner
le plus tôt possible l'armée allemande des six départements
qu'elle occupe encore. Quand on examine les folies dont
s'occupent les Parisiens, les théâtres auxquels ils courent
en foule, les pièces qui les amusent, hélas! et les plaisirs
oratoires auxquels ils se livrent à Versailles, on doute
quelque peu en Allemagne que les Français songent sérieusement à faire tous les sacrifices possibles pour se débar-
rasser de nous.

» Quoi qu'il en soit, M. Thiers s'est fait l'organe des
désirs prétendus ou réels de ses compatriotes, et a obtenu
à grand'peine de l'ambassadeur d'Allemagne que ce dernier transmettrait au prince-chancelier ses désirs concernant les évacuations partielles du territoire français et ses
propositions relativement à la garantie financière que la
France peut nous offrir à la place de la garantie territoriale. Si nous sommes bien informés, ces propositions ne
sont probablement connues, au moment où nous écrivons
ces lignes, que par M. Thiers et M. le comte d'Arnim ;
car, si nous ne faisons erreur, le dernier courrier de cabinet venant de Paris n'a passé à Cologne qu'avant-hier, et
il est donc on ne peut plus probable que le prince-chancelier lui-même, s'il ne s'est pas couché très-tard hier, ou
ne s'est pas levé très-tôt aujourd'hui, ne sait pas encore
au juste, en ce moment, ce que désire M. Thiers. Personne au monde ne peut se charger avec sincérité de faire
savoir à ses contemporains quelle réponse M. Thiers a
reçue de Berlin-Varzin.

4.

» Il est vrai qu'à Paris, vu l'état de somnambulisme
dans lequel on se trouve, on a devancé de plusieurs trains
express tout le reste de l'Europe, en ce qui concerne la
connaissance des faits dont il s'agit; car, dans cette capitale, où l'on jure avec la foi du charbonnier, d'après une
dépêche quelconque, qui est censée avoir paru dans n'importe quel journal, on sait que l'ambassadeur d'Allemagne
a déjà transmis à M. Thiers la réponse du gouvernement
allemand, que ce dernier s'est réservé, dans tous les cas,
la possession de Belfort et la neutralisation des six départements, jusqu'au moment où les trois milliards auront été
versés, en or, en argent ou en lettres de change, dans les
caisses de l'Allemagne, ce qui a produit en France, non-
seulement un hochement de tête général, mais aussi un
épouvantable bruit de plumes. On ne parle que des prétentions et des exigences inouïes de M. de Bismarck, et les
plus courageux donnent à M. Thiers le conseil de répondre
à une aussi abominable arrogance en rompant tout simplement les négociations. Nous vous prions, bons Français et
mauvais politiques, de ne pas vous échauffer. Si vous n'avez
pas d'autre mal, il est facile de vous guérir. Si vous préférez
que nous restions, non-seulement à Belfort, mais aussi à
Reims, à Épernay, à Nancy, à Toul, à Verdun, etc., tandis que vous vous occupez du payement des trois milliards,
nous n'avons absolument rien à redire; car il faut, dans
tous les cas, chers voisins, que vous payiez le 1er mars 1874,
quand même nous n'évacuerions aucun des départements
occupés.

» Nous ne songeons pas à mettre de l'amertume dans
cette discussion si prématurée; nous voulons, au contraire, profiter de l'occasion pour expliquer d'une manière
très-claire quel est l'état réel des choses. Par le traité de

paix du 10 mai 1871, la France s'est engagée à payer toute l'indemnité de guerre d'ici au 2 mars 1874. Jusqu'à cette époque, c'est-à-dire jusqu'au complet payement des cinq milliards, l'armée d'occupation restera dans les six départements : Marne, Haute-Marne, Vosges, Ardennes, Meurthe et Moselle ; elle continuera en outre d'occuper la place de Belfort. Dans tous les traités que nous avons conclus avec la France depuis la fin de la guerre, cette prescription générale n'a été nullement modifiée. L'état de choses est donc, en vertu des traités, encore tel, que, si la France payait, par exemple, d'ici au 28 février 1876, 2,999,999,999 francs, l'armée d'occupation aurait encore le droit d'occuper, pour garantir le payement du reste, Reims, Épernay, Toul, Verdun, Nancy, Belfort, etc. L'Allemagne a donné, il est vrai, dans l'article 3 du traité de Versailles, l'assurance que S. M. l'Empereur serait disposé à substituer une garantie financière à la garantie territoriale, si le gouvernement français l'offrait à des conditions qui présentassent une sécurité suffisante pour les droits de l'Allemagne.

» Dans son appréciation des conditions qu'il considère comme une garantie suffisante, le gouvernement allemand n'est guidé par aucune autre considération que par l'examen consciencieux de l'état général des choses. Les garanties financières qui pourraient être acceptées d'une France dont l'amour pour la paix et la consolidation intérieure seraient hors de doute, sont sans valeur dès qu'elles nous sont offertes par une France qui est remplie d'idées de vengeance, qui semble vaciller sans détermination entre de nombreux partis et dont personne ne peut garantir l'avenir.

» Le gouvernement allemand ne songe pas du tout, paraît-il, à éluder sous des prétextes frivoles la promesse

générale qu'il a faite dans le traité de paix de Versailles;
mais personne ne peut lui en vouloir d'examiner à la loupe
l'état général de la France avant de renoncer tout à fait à
la forte position militaire qu'il occupe en vertu des traités.
Nous ne savons pas, ainsi que nous l'avons déjà dit, comment le gouvernement impérial allemand répondra aux
propositions du gouvernement français; mais si, en réalité, il ne consentait à l'évacuation que si la France s'engageait à ne pas rassembler d'armée et à ne pas construire
de fortifications dans les six départements à évacuer, s'il
se réservait de plus le droit d'avoir une garnison à Belfort,
Toul et Verdun jusqu'à ce que le payement fût effectué,
il ne ferait qu'accomplir ce à quoi il est certainement autorisé en sa qualité de bon père de famille. Les Français
doivent, avant tout, ne pas oublier que nous ne sommes
obligés à rien, en ce qui concerne l'évacuation désirée par
eux. Si nous daignons faire des concessions sur ce point,
nous agirons ainsi parce que nous sommes au fond des
gens plus traitables que Messieurs les Français ne font
semblant de le croire, et parce que nous n'éprouvons aucun plaisir à contrarier nos plus proches voisins dans la
petite Europe, lorsqu'il n'y a pas nécessité absolue. Dès
que nos intérêts seront suffisamment garantis, nous éva-
cuerons le territoire français, et nous accorderons sans
envie aux Français le plaisir de vivre dans la seule bonne
société qui existe, c'est-à-dire dans la leur. Quant aux conditions auxquelles nous nous en irons, nous comptons les
fixer nous-mêmes, si les Français désirent réellement une
modification des traités, et le vacarme de la presse française nous raffermira peut-être dans cette intention, mais
ne nous inspirera aucune hésitation.

» Ce vacarme, faisons-le remarquer en passant, a déjà

nui au succès des négociations entamées. M. Thiers est
gêné dans ses mouvements par ces clameurs insensées, et
est ainsi forcé de perdre beaucoup de temps et de paroles
à des choses tout à fait insignifiantes. Or, le temps, c'est
de l'argent. Il nous semble que les Français devraient
avoir plus de confiance dans leur président actuel, qui
était meilleur patriote que trente-huit millions de ses concitoyens, et ne pas lui rendre encore plus difficile l'accomplissement de sa pénible tâche.

» S'ils ne sont pas contents de lui, ils feraient mieux de
choisir un autre dictateur, car les candidats à ces fonctions ne manquent certainement pas dans leur riche pays,
mais s'ils ont recours à cet expédient, ils feront bien de se
conduire, dans la période de préparation, de façon à ne
pas nous faire perdre la patience. Et puis, nous ne voulons pas, il est vrai, nous immiscer dans les affaires intérieures de la France; mais, dans certains cas, il ne saurait être indifférent de savoir qui signe pour la maison avec
laquelle nous sommes en relations d'affaires. »

(Cette pièce ne figure pas parmi celles qui ont occasionné les pour
suites.)

———————

*Rapport n° 90 du 28 juin 1872, du comte d'Arnim au
ministère des affaires étrangères.*

*Dépêches n° 140, du 11 juillet 1872, n° 141, de la même
date, n° 142 avec annexe, également de la même date,
n° 152, du 22 juillet 1872, du comte d'Arnim au ministère des affaires étrangères.*

(Ces cinq pièces, qui concernent l'élection pontificale et la situation
de l'Allemagne vis-à-vis de la Curie romaine, et qui n'ont pas été lues
à l'audience publique, ont été restituées par M. d'Arnim avant le procès.)

ENTREFILET

Publié le 21 *septembre* 1872 *dans l'*Écho du Parlement.

« L'ambassadeur d'Allemagne à Paris, comte d'Arnim, aurait, dit-on, donné sa démission, après le règlement de la question de l'indemnité. Le comte d'Arnim ferait remarquer que le poste d'ambassadeur à Paris ne le dédommage pas des désagréments qu'il rencontre dans ses rapports avec la société parisienne. Si cette démission était acceptée, le poste d'ambassadeur resterait vacant pour un temps indéfini. Il paraît que le prince de Bismarck est disposé à ne laisser à Paris qu'un consul pour l'expédition des affaires courantes. »

(Pièce ne figurant pas parmi les documents qui ont occasionné les poursuites.)

LETTRE

Du 25 septembre 1872

DE M. DE HOLSTEIN, *alors secrétaire particulier du prince de Bismarck,* AU COMTE D'ARNIM.

« Varzin, le 25 septembre 1872.

» Il est arrivé ici deux dépêches télégraphiques de Bruxelles. M. le chancelier de l'Empire vous a fait demander par dépêche si vous désiriez que la nouvelle fût reproduite par des journaux de Berlin. Le chancelier de l'Empire a approuvé la reproduction et a ajouté qu'il y avait des situations où l'on devait traiter comme des sauvages les nations civilisées en apparence, qu'alors on ne leur envoyait pas des ambassadeurs mais des subrécargues.

» *Signé :* DE HOLSTEIN. »

(Pièce ne figurant pas parmi les documents qui ont occasionné les poursuites.)

DÉPÊCHE TÉLÉGRAPHIQUE

Du 25 septembre 1872

DE M. DE HOLSTEIN AU COMTE D'ARNIM.

« Varzin, 25 septembre 1872.

» Par ordre du chancelier de l'Empire, les nouvelles, comme celle des journaux belges concernant le comte d'Arnim, doivent être traitées d'une manière ironique et non sérieuse, à moins que Votre Excellence ne désire qu'il en soit autrement.

» *Signé:* DE HOLSTEIN. »

(Pièce ne figurant pas parmi les documents qui ont occasionné les poursuites.)

DÉPÊCHE TÉLÉGRAPHIQUE

Du 26 septembre 1872

DE M. DE THIELE, SECRÉTAIRE D'ÉTAT, AU COMTE D'ARNIM.

« Berlin, 26 septembre 1872.

» En vertu des ordres du chancelier de l'Empire, rien ne s'oppose à la reproduction des nouvelles des feuilles belges concernant Votre Excellence ; mais elles doivent être traitées d'une manière ironique et non sérieuse, à moins que Votre Excellence ne désire qu'il en soit autrement. Je prie Votre Excellence de me répondre à ce sujet.

» *Signé:* DE THIELE. »

(Pièce ne figurant pas parmi les documents qui ont occasionné les poursuites.)

DÉPÊCHE TÉLÉGRAPHIQUE

Du 26 septembre 1872

DU COMTE D'ARNIM AU MINISTÈRE DES AFFAIRES ÉTRANGÈRES.

« Paris, 26 septembre 1872.

» J'ai été désagréablement surpris du ton sur lequel la

Gazette nationale a commenté les nouvelles des journaux belges, et j'ai pris des mesures pour que l'on adopte le ton ironique.

» *Signé :* D'ARNIM. »

(Pièce ne figurant pas parmi les documents qui ont occasionné les poursuites.)

RAPPORT *sans numéro*

Du 1er octobre 1872

DU COMTE D'ARNIM AU MINISTÈRE DES AFFAIRES ÉTRANGÈRES.

« Paris, le 1er octobre 1872.

» Un journal d'ici fait remonter la responsabilité de la propagation de la fausse nouvelle de ma démission à un M. von Kahlden, bien connu à Berlin ; ce dernier aurait lancé cette nouvelle par suite du mécontentement qu'il a éprouvé à se voir exclu du Jockey-Club et à ne plus pouvoir continuer ses parties de whist. Quoi qu'il en soit, ces quelques lignes, qui ont sans doute été envoyées par mégarde à Bruxelles, ont causé une sensation extraordinaire. De tous les points cardinaux, on dit aux Français leur fait, et c'est précisément dans le domaine où ils prétendaient être les maîtres qu'ils se voient dépouillés de leur gloire usurpée. Ils ont entendu dire sur tous les tons qu'ils ne savent se conduire ni poliment, ni d'une manière chevaleresque, ni avec prudence, ni même convenablement. Je sais tout ce que j'ai eu à supporter, en ce qui concerne ma position et ma personne, et maintenant la condamnation générale qui frappe les Français me prouve combien ils se sont conduits sottement.

» Mais au fond, je ne suis pas très-mécontent de l'état des choses, bien que je reconnaisse qu'il ne peut durer longtemps, et qu'il doit nécessairement conduire à une

crise. Quand je vois que le besoin de revanche des Français ne diminue pas le moins du monde, et qu'au contraire
ils voient un nouveau motif d'alliances dans le « fiasco »
momentané de l'entrevue des empereurs à Berlin, je ne
puis m'empêcher de dire que la conduite inconvenante
des Français a aussi son bon côté. La tâche de l'ambassadeur, quel qu'il soit, est de mettre les Français de plus
en plus dans leur tort aux yeux de tout le monde, et c'est
pourquoi il faut que de temps à autre il prenne acte de
leur conduite inconvenante sans leur tendre la main pour
un rapprochement. Si les Français veulent changer d'attitude dans la presse et dans la société, il faut qu'ils le fas-
sent d'une façon ostensible et de telle manière que tout le
monde entende distinctement le *pater peccavi*.

» Il ne peut pas me convenir qu'un ou plusieurs ducs
légitimistes, ou marquis, ou rois de Bourse condescendent,
sur un désir spécial du président de la République ou de
M. de Gontaut-Biron, à entrer en relations avec moi. La
tension actuelle ne peut être changée que si l'on donne un
mot d'ordre auquel la majorité se plie; sans cela, rien ne
changera ; et s'il devient évident que les Français veuillent
avoir une attitude belliqueuse, Sa Majesté prendra les résolutions nécessaires à ce sujet. Le moment de prendre
ces résolutions n'est peut-être pas encore venu tout à fait,
et l'on peut montrer de la patience vis-à-vis d'un pays où
personne ne sait le lundi ce qui se fera le mardi. Dans
toutes ces choses, il ne s'agit pas d'une question d'agrément, mais d'une question d'utilité, et le moment viendra
où un ambassadeur de l'empire ne pourra pas résider d'une
façon durable en France, si ses rapports doivent se borner
au président de la République et aux conducteurs de chemins de fer avec lesquels on a d'ordinaire, grâce aux nom-

breuses allées et venues, des relations de bienveillance ré-
ciproque.

> » *Signé* : D'ARNIM. »

(Pièce ne figurant pas parmi les documents qui ont occasionné les
poursuites.)

DÉPÊCHE N° 210

Du 21 octobre 1872

DE M. DE BALAN A M. D'ARNIM.

> « Berlin, 21 octobre 1872.

» Votre Excellence a constaté, dans son rapport du 3
courant (sans numéro) sur la situation politique de la
France, que l'entreprise de Gambetta a trouvé dans la
presse tant autrichienne qu'italienne une approbation évidemment de commande.

» Comme les journaux autrichiens et italiens que reçoit
le ministère des affaires étrangères ne fournissent rien à
l'appui de cette assertion, Son Altesse le prince-chancelier
désire savoir quels journaux Votre Excellence a voulu dire
et vous serait obligée de vouloir bien lui adresser, s'il est
possible, les articles en question.

> » *Signé :* DE BALAN. »

(Pièce sur laquelle M. d'Arnim a déclaré ne pouvoir donner aucun
renseignement.)

LETTRE

Du 1er novembre 1872

DU GÉNÉRAL DE MANTEUFFEL AU PRINCE DE BISMARCK.

> « Nancy, le 1er novembre 1872.

» Je viens de recevoir la lettre de Votre Altesse Sérénissime du 29 du mois dernier, et je vois que la lettre de
M. Thiers, que je vous ai envoyée le 16 du même mois, a

eu pour vous de l'intérêt. Je prends donc la liberté de
vous faire savoir qu'à la date du 25 octobre, époque à laquelle la presse avait recommencé à parler beaucoup de
M. Gambetta, M. Thiers a envoyé à M. de Saint-Vallier
une dépêche télégraphique concernant une affaire relative
à certains détails de l'évacuation de la Marne, etc., et y a
ajouté la phrase qui forme l'annexe de cette lettre. Je reçois
toutes ces communications sans y répondre, parce que je
veux me tenir en dehors de toute politique; mais par mes
actions et par la forme que je leur donne, je montre, autant que l'intérêt des troupes le permet, des égards pour
M. Thiers, et je fournis par là un appui moral à son gouvernement. D'après toutes les conversations que j'ai eues
avec Votre Altesse Sérénissime, je crois, en agissant ainsi,
me conformer aux vues politiques de Sa Majesté.

» Cependant j'ai vu ici ces jours derniers notre ambassadeur qui a exprimé l'opinion que l'établissement de la
République en France était trop dangereux et qu'il était
temps que ce pays eût un gouvernement monarchique.
Comme Votre Altesse sérénissime le sait déjà, je pense que
nous avons intérêt à ce que la France reste calme jusqu'au
moment où l'indemnité de guerre sera payée, et à ce que
l'on évite toute complication militaire, tant que l'arme-
ment des troupes sera dans la période de transition. J'ai
pu être de l'avis de l'ambassadeur en ce qui concerne l'idée
fondamentale, mais non pas en ce qui concerne le moment.
Mais Votre Altesse Sérénissime sait que je discute volontiers et que je ne mets pas dans la balance de la politique
les paroles que je prononce de la sorte.

» D'un autre côté, le comte de Saint-Vallier m'a raconté
avec une certaine émotion intérieure, que le comte d'Arnim lui avait dit dans une conversation, que l'ambassadeur

considérait comme tout à fait intime et dans laquelle il faisait abstraction de son caractère diplomatique, que le gouvernement actuel n'était pas tenable. M. d'Arnim aurait
ajouté que M. Thiers aurait pour successeur Gambetta,
qu'après Gambetta, on aurait la Commune et après la Commune un régime militaire, si la France ne choisissait pas
à temps une constitution monarchique. L'ambassadeur aurait ensuite parlé à M. de Saint-Vallier du comte de Paris
et du fils de l'empereur Napoléon.

» J'ai reçu, en même temps que cette communication,
le numéro 252 de la *Gazette de la Croix*. Ce journal con-
tenait dans son article de fond des attaques si violentes
contre M. Thiers que j'ai écrit à M. de Balan pour lui faire
remarquer que les articles de ce genre excitaient les officiers et les soldats. Je sais que la *Gazette de la Croix* n'est
pas un organe du gouvernement ; mais elle passe pour
être l'organe d'un parti et elle a de l'influence. Tous ces
faits réunis m'engagent à prier Votre Altesse Sérénissime de vouloir bien, dans le cas où quelque chose serait
changé aux vues que vous m'avez communiquées, touchant la manière dont les affaires doivent être traitées ici,
m'informer en quelques mots de cette modification, afin
que je prenne les mesures militaires nécessaires et règle
ma propre conduite d'après vos indications.

» Je prie Votre Altesse Sérénissime d'agréer, etc.

» *Signé* : BARON DE MANTEUFFEL.

» Général de cavalerie. »

ANNEXE.

Président de la République à commissaire extraordinaire.

« 25 octobre, 8 h. 25 m.

» Répétez bien que le radicalisme peut être arrogant,
mais est tout à fait impuissant et le sera tant qu'on prendra

pour lui tenir tète un bon terrain. Quant à moi, je crois avoir choisi le bon et je m'y tiendrai résolûment. En somme, les choses vont très-bien.

» *Signé :* A. THIERS. »

(Pièce ne figurant pas parmi les documents qui ont occasionné les poursuites.)

___

DÉPÊCHE N° 224

Du 8 novembre 1872

DE M. DE BISMARCK A M. D'ARNIM.

(Sûre, par courrier de cabinet.)

« Berlin, 8 novembre 1872.

» D'après une communication confidentielle du général de Manteuffel, le comte de Saint-Vallier a raconté que, lors de son dernier séjour à Nancy, il a eu avec Votre Excellence un entretien privé, dans lequel vous auriez exprimé les opinions suivantes : Vous considéreriez le gouvernement français actuel comme dépourvu de toute solidité ; à M. Thiers succéderait Gambetta, à Gambetta la Commune, et à la Commune un régime militaire, si la France ne se donnait pas à temps une constitution monarchique. A ce propos, Votre Excellence aurait parlé du comte de Paris et du fils de l'empereur Napoléon. Malgré tout ce qui pourrait être allégué en faveur de l'opinion attribuée à Votre Excellence sur la marche ultérieure des affaires de France, il m'est difficile de croire que vous l'ayez manifestée vis-à-vis d'un représentant officiel du gouvernement auprès duquel vous êtes accrédité. J'invite donc Votre Excellence à me donner des explications à ce sujet.

» *Signé:* DE BISMARCK. »

(Pièce conservée par M. d'Arnim comme étant sa propriété particulière.)

LETTRE CONFIDENTIELLE
Du 12 novembre 1872
DU COMTE D'ARNIM AU PRINCE DE BISMARCK.

« Paris, le 12 novembre 1872.

» J'ai eu l'honneur de recevoir la lettre de Votre Altesse Sérénissime du 8 novembre. Le rapport du général feld-maréchal de Manteuffel repose sur des malentendus.

» Je n'ai conservé de ma conversation avec M. de Saint-Vallier que les souvenirs que voici en substance. M. de Saint-Vallier, parmi de nombreuses plaintes sur les malheurs de sa patrie, insiste sur la nécessité d'une longue paix. Il a fait ressortir combien l'Allemagne était heureuse d'avoir conservé les traditions monarchiques.

» Il se disait légitimiste ; mais il voyait dans la personne de M. Thiers le sauveur envoyé par la Providence à la France, pour la préserver de tout danger. Je lui ai donné complétement raison sur ce point. Il est possible que j'aie fait allusion à l'accroissement indubitable de l'influence de Gambetta ; mais je ne me souviens pas d'avoir insisté à cette occasion sur ce lieu commun, savoir : que le régime du sabre serait appelé à succéder au gouvernement de la populace. J'ai parlé du comte de Paris au général de Manteuffel. Si M. de Saint-Vallier ne l'assurait pas avec énergie, je ne croirais pas avoir parlé de cette personne avec lui. Par contre, je me souviens d'avoir demandé au comte de Saint-Vallier, qui parlait très-sévèrement de l'Empire, si ses anciennes relations intimes avec la cour impériale ne lui avaient pas donné l'occasion de se former un jugement sur le prince Louis.

» Il est complétement inexact que j'aie recommandé l'établissement de la monarchie et des candidats au trône déterminés. Si le général de Manteuffel n'avait pas aussi bonne opinion de M. de Saint-Vallier, je croirais, bien qu'à mon corps défendant, que ce dernier m'a prêté le propos rapporté par le général de Manteuffel, pour établir si le moment d'un de ces changements subits d'opinion auxquels M. de Saint-Vallier doit sa réputation de diplomate est venu ou non. Ce qui me frappe, c'est d'avoir parlé réellement au général de Manteuffel de la façon dont je suis censé avoir parlé à M. de Saint-Vallier. Le général de Manteuffel partagea mes opinions en tant qu'elles concernaient les dangers de la République, et soutint même que M. Thiers regardait la République comme un moyen de revanche. Je crois qu'il a raison en cela. M. de Manteuffel ne différa d'opinion avec moi qu'en tant qu'il jugeait nécessaire de maintenir encore le gouvernement de M. Thiers pour assurer le payement de nos créances, tandis que j'en considère le payement comme assuré, quel que soit, dans un prochain avenir, le gouvernement de la France.

» J'ai conservé de tous ces incidents une très-désagréable impression. J'ai passé par Nancy pour aplanir des malentendus antérieurs. Le général de Manteuffel a semblé ne pas méconnaître mes bonnes intentions. Il a exprimé le désir d'établir des rapports confidentiels entre Paris et Nancy. Il voulait dans ce but envoyer un officier à Paris tous les quinze jours environ. Il eût été conforme à ce système que M. de Manteuffel, avant de donner par sa lettre des inquiétudes à Votre Altesse, m'eût interrogé sur le sens de ma conversation avec M. de Saint-Vallier; sa grande connaissance des affaires aurait dû lui indiquer cette résolution, car il est déjà très-difficile de donner par un rapport écrit, une idée exacte d'une conversation que l'auteur du rapport a eue lui-même. Quant à un rap-

5

port sur une conversation que d'autres ont eue et à laquelle
l'auteur du rapport n'a pas assisté, il est toujours une source
d'erreurs et donne chaque fois naissance à des fables. Je ne
sais pourquoi M. de Manteuffel n'a pas cru, malgré sa bienveillance à mon égard, devoir songer à ces difficultés. Si
l'on entretient une autre correspondance politique paral-
lèlement à mes rapports politiques, ma situation devient
très-difficile ; si cette correspondance consiste en rapports
sur mon compte, ma position est insoutenable. Je ne puis
donc que remercier Votre Altesse de m'avoir fait immédiatement part des communications du général de Manteuffel.

» *Signé :* D'ARNIM. »

Cette lettre ne figure pas parmi les documents qui ont
occasionné les poursuites. Elle a donné lieu aux observations suivantes de M. le comte d'Arnim :

» Je n'ai aucun motif pour ne pas honorer M. de Manteuffel, mais je dois constater qu'il a posé la première
pierre du conflit en question. Lorsqu'il assure ne pas s'occuper de politique, sa lettre prouve le contraire, et je regrette pour ce motif qu'on en ait donné lecture. »

DÉPÊCHE N° 239

Du 23 novembre 1872

DE M. DE BALAN A M. D'ARNIM.

(Confidentielle et personnelle.)

« Berlin, 23 novembre 1872.

» Les rapports secrets de Votre Excellence du 10 et
du 12 courant ont été soumis à S. M. l'empereur aussi
bien qu'au prince-chancelier auquel, conformément à votre
désir, ils ont été transmis simultanément. Les renseignements contenus dans le premier de ces rapports sur les ra-

mifications de la presse, notamment entre l'Autriche et la France, seront utilisées pour recueillir de nouvelles informations sur cette matière.

» Vous dites que la presse qui reçoit ses inspirations d'ici, et, en général, la presse de ce pays, déprécie les éléments monarchiques de la France ; mais M. le prince-chancelier ne saurait le reconnaître. En tout cas, cette attitude ne reposerait pas sur des instructions ; mais, je le répète, le fait lui-même n'est pas admis, quand bien même la presse allemande, ce qui, à vrai dire est exact, s'est abstenue en général d'attaquer M. Thiers et son gouvernement. Son Altesse ne peut s'associer aux conclusions tirées par Votre Excellence des diverses appréhensions que le régime actuel de la France est propre à inspirer. Le prince de Bismarck n'est nullement d'avis qu'aucun gouvernement français ne pourrait songer à ne pas remplir les obligations pécuniaires de la France envers l'Allemagne. Au contraire, dans l'opinion de Son Altesse, notre intérêt exige en première ligne qu'on mène à terme le payement de l'indemnité de guerre et l'exécution du traité de paix, et qu'on abandonne à elle-même, après comme avant, la marche des affaires intérieures de la France, ou tout au moins qu'on ne prenne pas position vis-à-vis de ces questions avec des déductions et des projets préconçus.

» Le cas échéant, nous pouvons il est vrai favoriser les éléments dont l'action répond à notre intérêt ; mais pour cela nous devons attendre qu'ils entrent en scène, et non pas vouloir les utiliser à la façon de conspirateurs. Une France constituée monarchiquement nous offrirait des dangers plus grands que ceux que Votre Excellence voit dans l'influence contagieuse des institutions républicaines. Le spectacle que ces institutions nous donnent semble

5.

plutôt fait pour inspirer l'horreur. Du reste, en aucun cas, nous ne pouvons marcher avec les légitimistes, attendu qu'ils seront toujours acquis à la cause du pape. Aussi longtemps que durera notre lutte avec la curie romaine, dont il n'est pas possible de prévoir la fin, nous ne saurions favoriser un tel élément.

» L'opinion que toute forme de gouvernement, autre que la forme républicaine, serait inacceptable pour nous en France, dépasserait la mesure ; aussi ne sera-t-elle jamais soutenue par la presse inspirée. Mais, d'autre part, si nous prenions parti pour un autre gouvernement, quel qu'il soit, nous attirerions en même temps sur nous les animosités dont il serait l'objet ; nous rendrions ainsi la France capable de contracter des alliances, ce qui n'est pas le cas aujourd'hui.

» Sur les dangers provenant du gouvernement de M. Thiers, on peut avoir, théoriquement parlant, des vues très-divergentes. Quand il s'agit d'une nation aussi explosible que la France, l'avenir ne saurait être calculé. Mais comme le prince ne partage pas le sentiment de Votre Excellence sur le degré auquel M. Thiers peut nous être dangereux, il doit insister — (et il vous signale ses instructions à ce point de vue comme absolument formelles) — pour que les choses marchent d'après son opinion, et pour que les réprésentants de S. M. l'empereur à l'étranger s'abstiennent de toute déclaration contraire. Son Altesse fait remarquer à cette occasion, comme habituel à la politique allemande, le défaut de se préparer trop tôt aux événements, dans une direction déterminée.

» Signé : DE BALAN. »

(Pièce conservée par M. d'Arnim comme étant sa propriété personnelle.)

RAPPORT N° 155

Du 1er décembre 1872

DU COMTE D'ARNIM AU MINISTÈRE DES AFFAIRES ÉTRANGÈRES.

(Par occasion sûre.)

« Paris, le 1er décembre 1872.

» L'Assemblée nationale ne s'est occupée que fort peu du budget de 1873 au milieu de l'agitation politique des derniers jours. La séance du 27 de ce mois a suffi pour terminer la discussion générale. Le budget de l'année prochaine ne diffère de celui de cette année que sur certains points peu importants.

» La principale dépense, plus de la moitié du produit net de tous les impôts, concerne les intérêts de la dette publique et les dotations permanentes. Il ne reste pas un milliard entier pour les besoins des différentes branches de l'administration. On ne peut songer à faire des économies que sur cette somme relativement petite, et elles ne seront guère réalisables que sur le budget du ministère de la guerre. Il ne peut être non plus question de diminutions d'impôts ; on s'occupera tout au plus de modifier la répartition des contributions et le mode de perception. La haute finance se plaint surtout à ce point de vue de l'impôt sur les valeurs mobilières, qui a été comme on sait, adopté comme un faible dédommagement pour l'impôt sur le revenu. On prétend que cet impôt empêche la circulation des valeurs sans atteindre le revenu individuel et paralyse les affaires sans produire un revenu qui vaille la peine d'en parler. La propriété foncière souffre, dit-on, beaucoup de cet état de choses. En effet, le cours des obligations à 4 °/₀ du Crédit foncier est tombé en moyenne à 450. (Le cours privé est à 500), ce qui impose aux propriétaires fonciers,

avec tous les frais, etc., 5 1/2 p. 100 et plus d'intérêts.
En comparaison de ce que les agriculteurs allemands, à
l'exception de ceux du Meklembourg, sont forcés de payer
pour l'argent, cet état de choses est encore supportable,
mais, comparé avec le produit de l'agriculture française,
calculé d'après le prix d'achat des propriétés foncières, ce
taux d'intérêts élevé doit nécessairement faire baisser le
prix des terres. L'influence de cette loi qui réclame pour
l'État 6 1/2 p. 100 sur les valeurs mobilières, est, dit-on,
préjudiciable aux chemins de fer, qui ne peuvent placer
leurs obligations qu'à bas prix. Dans le budget de 1873,
qui a été présenté dès le mois de juin, les recettes étaient
de 2,406 millions, les dépenses de 2,388 millions, de sorte
qu'il y avait pour l'année 1873 un excédant probable de
18 millions. Au chiffre des recettes figuraient les anciens
droits et impôts, s'élevant à 1,791 millions, et les nouveaux
droits et impôts représentant une somme de 495 millions.
Le gouvernement a annoncé qu'il demanderait, outre la
somme de 2,286 millions ainsi obtenue, une somme de 120 millions pour couvrir les dépenses courantes nécessaires et
pour atteindre l'excédant ci-dessus mentionné de 18 millions, indispensables pour faire face aux besoins imprévus.
D'après les communications faites par son rapporteur dans
la séance du 27 de ce mois, la commission du budget a
modifié le projet financier de la manière suivante. Les dépenses que le gouvernement aurait fixées à 2,388 millions,
ne sont plus que de 2,365 millions. Il y a donc une diminution de dépenses de 23 millions.

» Le budget des recettes a été soumis à des modifications
encore plus grandes. Les 120 millions que le gouvernement avait demandés primitivement, sans indiquer la nature
des impôts ont été remplacés par 178 millions d'impôts

nouveaux, à la suite des séances de juin et juillet et en
vertu de la loi du 17 juillet. Ces 178 millions seront produits par les impôts suivants :

1° Impôt sur les valeurs mobilières. . . .   20 millions.
2° Impôt sur les recettes hypothécaires. .   6
3° 60 centimes additionnels sur les pa-
    tentes   39
4° Impôt sur les alcools.   20
5° Impôt sur les matières premières. . .
    fixé par le gouvernement à   93
                                178 millions.

Il faut ajouter à ces 178 millions, 12 millions, montant
d'une contribution de guerre que l'amiral Gueydon a im-
posée à des tribus arabes rebelles et qui ne sera disponible
que l'an prochain. A la place des 120 millions demandés
d'abord, il y aura donc une recette de 190 millions, c'est-
à-dire de 70 millions de plus que le projet primitif. Les
recettes totales de l'année 1873 seront donc de 247 millions ; la réduction des dépenses à 2,365 millions et l'élévation des recettes à 2,476 millions, donnent donc pour
l'année 1873 à un excédant de 111 millions. Il est évident
que ce résultat favorable ne repose que sur des calculs
arbitraires et non pas sur des faits réels. En ce qui concerne, par exemple, les recettes de l'impôt sur les matières
premières, la commission du budget a adopté la somme
de 23 millions proposée par le gouvernement, sans garantir
l'exactitude des calculs de probabilité de ce dernier. On
peut au contraire tenir pour certain que cet impôt, dont on
a tant parlé, sera loin de produire la somme proposée,
parce que la perception de cette contribution est impossible

pour le moment, à cause des traités de commerce en vigueur.
L'administration des finances a été forcée de constater,
dans les premiers mois de l'année 1872, un déficit de 132
millions. Sur ce déficit 45,300,000 francs concernent les
anciens impôts, et 86,850,000 francs les nouveaux impôts,
à l'exception des impôts sur les matières premières, etc.,
qui n'ont été votés que le 27 juillet de cette année et ne
comptent, par conséquent, pas encore. Il y aura donc, pour
toute l'année 1872, un déficit de 180 à 200 millions. Cependant les recettes des douanes figurent dans le budget
de 1873 pour 9 millions et demi de plus que dans le budget
de 1872, et celles des contributions indirectes pour 20 millions de plus, mais rien ne donne lieu de croire que l'année de 1873 soit plus favorable à ce point de vue que cette
année-ci. Ce qui peut arriver de mieux, c'est que l'excédant à espérer de 111 millions couvre le déficit probable
des impôts de 1873. Une telle supposition me semble cependant tout à fait exagérée. Mais quand même la situation
financière s'améliorerait véritablement à tel point que les
recettes couvrissent les dépenses fixées à 2,365 millions, il
est certain, dès à présent, que les dépenses de l'année 1873
dépasseront ce chiffre. Le budget des dépenses s'accroîtra
d'abord du déficit des impôts de cette année, c'est-à-dire
de 150 à 180 millions. En outre, la dette publique exigera
sans doute des dépenses beaucoup plus fortes que celles
auxquelles on s'attend, d'autant plus que la France sera
forcée de contracter de nouveaux emprunts pour payer
des travaux de fortification qu'elle n'avoue pas encore et
d'autres travaux publics. Il ne faut pas oublier à cet
égard que les intérêts des 3 milliards qui restent encore à
payer coûteront au pays, à partir de 1871, près de 50 millions de plus que jusqu'à présent. Aussi, quand même les

non-valeurs des impôts et les déficits qui en résulteront d'une année à l'autre diminueraient petit à petit, il faudrait évaluer les dépenses réelles de la France, pour les 3 à 5 premières années, à 2,500 ou 2,550 millions par an. D'un autre côté, il faudrait des circonstances extraordinairement favorables et sur lesquelles on ne peut compter, pour que les recettes pussent dépasser, pendant cette même période, la somme de 2,400 à 2,450 millions.

» Pendant un certain nombre d'années, la France aura donc à supporter un déficit de 100 à 150 millions. De plus, la réduction du déficit à cette somme suppose une stabilité politique qu'on peut à peine présumer. Il est bien plus probable que la France restera dans une situation sous l'influence de laquelle le déficit atteindra le chiffre d'un milliard à peu près en cinq ans. On peut donc admettre que la France, une fois cette période écoulée, et même dans le cas où aucun événement extraordinaire ne se produirait, se verra placée dans l'alternative, ou bien de vivre avec un budget tout à fait en désordre, ou bien de contracter un nouvel emprunt de deux milliards, pour consolider le déficit accumulé et la dette flottante, qui s'élève déjà en ce moment au chiffre de 800 millions. Ce nouvel emprunt grèvera le budget des dépenses d'un surcroît de 120 millions au moins, et quoique la France soit très-riche, on est en droit de se demander si cette augmentation de charges ne diminuera pas dans des proportions inquiétantes les forces productives du pays, d'autant plus qu'on ne peut compter sur un accroissement du bien-être national.

» Pour parer à cette fâcheuse éventualité, le gouvernement français n'a au fond que deux moyens sûrs : une réduction de 100 millions sur le budget de la guerre, ou même une simple réduction le ramenant aux chiffres de l'Empire, et une diminution de l'amortissement, surtout des remboursements à la Banque.

» En aucun cas, le gouvernement n'aura recours au premier moyen. Il s'est probablement réservé le second pour l'éventualité d'une guerre. »

» *Signé* : D'ARNIM. »

(Pièce sur laquelle l'accusé a déclaré ne pouvoir donner aucun ren_seignement.)

RAPPORT N° 158
Du 2 décembre 1872
DU COMTE D'ARNIM AU CONSEILLER INTIME ACTUEL DE BALAN.
(Par une occasion sûre.)

« Paris, le 2 décembre 1872. ·

» Votre Excellence aura sans doute appris que la presse française républicaine et officieuse invoque aussi depuis quelque temps le témoignage des petits journaux pour constater les sympathies de l'Europe.

» A cet égard, il n'est pas sans intérêt de savoir que le même M. Haefner, qui joue, comme je l'ai déjà dit précédemment, un rôle important dans les bureaux de M. Gambetta, et est aussi le correspondant parisien de la *Gazette d'Augsbourg*, à laquelle il envoie des lettres qui ont une teinte démocratique, travaille aussi pour le journal guelfe la *Tagespresse*.

» Le *Wanderer* est servi par Szarwady, le mari de la pianiste Claus, qui est inspiré par la même coterie.

» La *Presse* de Vienne a pour correspondant le nommé Kohn, qui servait la *Nouvelle Presse* avant que cette feuille prît Ganesco à sa solde.

» Le principal entremetteur pour toutes les relations entre la presse démocratique française et allemande, est un

certain Simon Deutsch, qui fournissait déjà, du temps de
l'Empire, de l'argent au parti radical. Pendant la guerre,
Deutsch [1] était à Vienne, où il faisait de la propagande française. Retourné à Paris en février 1871, il fut un des
membres les plus actifs de l'Internationale, conseiller de
la Commune et factotum financier du délégué aux finances,
Jourde.

» Après la chute de la Commune, Simon Deutsch fut
arrêté, mais relâché par suite de l'intervention de l'ambassade d'Autriche. La police française l'expulsa ensuite du
territoire. Peu de temps après il put revenir, grâce à l'intervention du député Laurier, *alter ego* de M. Gambetta.
Il est associé de la *République française* pour la somme
de 50,000 francs et est très-lié avec M. Étienne, directeur
de la *Nouvelle Presse*, notamment depuis qu'il dispose, en
sa qualité d'agent de Mustapha-Fazy pacha, de puissants
moyens pécuniaires.

» Un certain Hirsch, qui était en dernier lieu à Chem-
nitz, où il travaillait dans la presse socialiste, fait aussi de
la propagande pour les radicaux de Paris dans les journaux
socialistes de l'Allemagne.

» En ce qui concerne le nommé Haefner, je dois ajouter
qu'il est aussi correspondant du *Nouvelliste de Hambourg*
et du *Bund* de Berne, et que ses articles sont entièrement
inspirés par Gambetta.

» Signé : D'ARNIM. »

(Pièce sur laquelle M. d'Arnim a déclaré ne pouvoir donner aucun
renseignement.)

---

[1] La *République française* a déclaré, à la date du 17 décembre, que
M. Hæfner ne joue aucun rôle dans les bureaux de M. Gambetta, et
qu'il n'a fait que deux visites dans les bureaux de la rédaction depuis la
fondation du journal. La *République française* ajoute que M. Simon
Deutsch n'est nullement actionnaire de cette feuille.

DÉPÊCHE N° 271

Du 20 décembre 1872

DE M. DE BISMARCK AU COMTE D'ARNIM.

(Sûre.)

« Je suis en possession de votre rapport du 16 courant, n° 164. Vu la marche actuelle des choses, je ne crois pas devoir vous donner d'autres instructions ; mais le sens des rapports que vous m'avez envoyés pendant ces deux derniers mois, m'engage à vous faire quelques remarques générales. La situation de la France est certainement de telle nature qu'il est difficile et peut-être impossible, même pour le diplomate le plus habile, de former un jugement certain sur l'état de ce pays et de l'importance des différents partis et hommes politiques, et principalement des éventualités de l'avenir le plus rapproché. Cette difficulté est encore augmentée par le caractère impressionnable et irritable des Français, défaut dont les hommes d'État français les plus habitués aux affaires se ressentent plus que les hommes d'État allemands et anglais.

» Ce qui est non moins grave que la difficulté d'un jugement sur ce point, c'est l'intérêt qu'a le gouvernement allemand à ne pas se faire une idée fausse de la situation de la France et de ses conséquences, à ne pas adopter comme justes des prémisses fausses et à ne pas en faire la base de sa propre politique.

» Dans une telle situation, il faut, selon moi, que le représentant officiel de l'empire d'Allemagne se fasse un devoir de soumettre à un examen et à un triage très minutieux les impressions qu'il reçoit, avant de les transmettre à son gouvernement ; car, vu l'importance énorme que

chaque décision de Sa Majesté l'empereur, touchant la politique extérieure, peut avoir, au point de vue de l'avenir
de l'empire d'Allemagne et de l'Europe, il serait très-dangereux, à mon avis, pour l'Europe et pour l'Allemagne,
que des résolutions importantes de Sa Majesté fussent
prises d'après des suppositions erronées, qui auraient été
considérées et transmises comme exactes par l'ambassade.

» Si Votre Excellence à la bonté de soumettre à un examen comparatif les rapports qu'Elle a envoyés, depuis son
premier retour à Paris jusqu'à présent, les opinions qu'Elle
y a exprimées touchant la situation actuelle et l'avenir le
plus rapproché, la situation et l'importance des différents
hommes d'État et la marche que doit suivre notre politique, Elle reconnaîtra elle-même, je le pense, la grande
difficulté qu'il y a à se former, dans un tel pays et dans
une telle situation, une opinion que l'on puisse exprimer
avec la sécurité que Sa Majesté a le droit d'exiger de documents administratifs, à une époque aussi critique. Ma position officielle m'oblige, toutes les fois que les rapports
des représentants de Sa Majesté me semblent reposer sur
des suppositions erronées, d'en faire la remarque à ces
fonctionnaires et d'établir la vérité, en discutant la question
en commun, ou bien, dans les cas où il s'agit de calculs de
probabilité concernant l'avenir, et dans ceux où toute entente à ce sujet est impossible, de faire connaître l'opinion
sur laquelle repose la politique que je conseille à Sa Majesté, et en présence de laquelle tout représentant diplomatique doit renoncer à sa propre opinion, tant que Sa
Majesté l'empereur et roi me confiera la direction de la
politique extérieure de l'Allemagne.

Aucun département ne comporte aussi peu que celui de
la politique étrangère une marche dirigée dans deux sens

différents. Une telle manière d'agir me semblerait aussi
dangereuse que, dans une guerre, un état de choses qui
permettrait à un général de brigade et à son général de
division de se guider d'après deux plans contradictoires.
Le sentiment de ce danger m'impose le devoir de déclarer
à Votre Excellence qu'elle se trompe en exprimant avec
tant de sécurité l'opinion que le payement du reste de
l'indemnité de guerre aura sûrement lieu sous n'importe
quel gouvernement, et à ajouter que je considère toutes
les assurances de Votre Excellence à ce sujet comme très-
hasardées. Vous fournissez par là une garantie que personne ne peut se charger de fournir, et que, par conséquent, vous ne devriez pas donner dans un rapport officiel
sur la foi duquel Sa Majesté peut prendre des résolutions.

« Je considère comme probable que le payement de
l'indemnité de guerre aura lieu, si M. Thiers reste au pouvoir, ou si les affaires gouvernementales suivent du moins
un cours régulier et normal. Je crains, au contraire, que
nous ne soyons de nouveau forcés de tirer l'épée pour
obtenir ce qui nous est dû, si, par suite de violents boule-
versements, une République était créée et qu'il arrivât au
pouvoir des hommes d'une autre catégorie. C'est à cause
de cette éventualité qu'il est de notre intérêt de ne pas
affaiblir nous-mêmes le gouvernement actuel et de ne pas
contribuer à sa chute.

» Les choses marcheraient autrement, et d'une façon
qui ne serait pas non plus désirable pour nous, je le
crains, si, avant le payement de l'indemnité et l'évacuation
du territoire français, un des prétendants monarchiques
s'emparait du pouvoir. On nous prierait alors d'une façon
amicale de favoriser le développement du germe monar-

chique, en faisant à la monarchie, au point de vue du payement et de l'évacuation, des concessions que nous aurions
refusées à la République.

» Nous pourrions, il est vrai, refuser d'agir ainsi ; mais
je craindrais que d'autres cabinets, et notamment des
cabinets qui nous sont sympathiques, ne nous recomman-
dassent d'une manière plus ou moins pressante d'avoir des
égards pour l'élément monarchique en France.

» Bien que l'on soit trop sage à Londres, à Saint-Pétersbourg et à Vienne pour croire qu'une France monarchique
soit moins dangereuse pour nous que la domination des
partis républicains dans ce pays, on aurait trop intérêt à
faire semblant de le croire, vu les avantages que l'on
voudrait obtenir dans un autre sens, pour ne pas nous
faire ressentir sous ce prétexte le désagrément que causent
notre situation actuelle et le transfert des milliards de la
France en Allemagne, incommode pour tout le monde,
excepté pour nous. Il en résulterait bientôt un groupement
des États européens très-gênant pour l'Allemagne, lequel
exercerait d'abord sur nous une pression amicale, pour
nous faire renoncer à une partie des avantages que nous
avons acquis.

» Il est possible qu'il se produise plus tard, sans cela,
des phénomènes analogues ; mais nous n'avons certainement pas pour devoir de rendre la France puissante en
consolidant sa situation intérieure et en y établissant une
monarchie en règle, ni de rendre ce pays capable de
conclure des alliances avec les puissances qui ont jusqu'à
présent avec nous des relations d'amitié. L'inimitié de la
France nous oblige de désirer qu'elle reste faible, et nous
agissons d'une manière très-désintéressée en ne nous oppo-
sant pas, avec résolution et par la force, à l'établissement

d'institutions monarchiques solides, tant que le traité de
paix de Francfort n'aura pas été complétement exécuté.
Mais si notre politique extérieure contribuait sciemment à
renforcer, par l'union intérieure, l'ennemi du côté duquel
nous devons redouter la prochaine guerre, et à le rendre
capable de conclure des alliances en lui fournissant une
monarchie, on ne saurait cacher trop soigneusement les
actes accomplis dans ce sens ; car ils causeraient dans toute
l'Allemagne un mécontentement juste et véhément et ex-
poseraient peut-être à des poursuites de la part de la justice criminelle le ministre responsable qui aurait suivi une
politique si hostile au pays. Ces considérations se rattachent à une autre erreur déjà signalée, qui conduit Votre
Excellence à des déductions politiques inexactes. Votre
Excellence croit et a dit de vive voix à Sa Majesté, que
le maintien des institutions républicaines en France est
dangereux pour les institutions monarchiques de l'Allemagne. Je suppose que Votre Excellence n'aurait pas
éprouvé cette crainte, si les affaires extérieures n'avaient
occupé toute son attention pendant ces dernières années
et qu'un plus long séjour en Allemagne et au centre de
l'administration allemande l'eût mise en état d'acquérir
une idée exacte de la situation. Votre Excellence dit, dans
son dernier rapport, que des relations existent entre la
démocratie française et l'Allemagne du sud. Cette remarque ne saurait être plus nouvelle pour vous que pour
nous. Depuis quarante ans, les archives de toutes les admi-
nistrations de l'Allemagne et de l'étranger, et en particulier, comme je le suppose, celles de l'ambassade d'Allemagne à Paris, que vous avez à votre disposition,
contiennent, à ce sujet, des renseignements volumineux et
regrettables.

» La démocratie française a, depuis la Révolution de Juillet et même depuis plus longtemps, des relations non-seulement avec l'Allemagne du Sud, mais aussi, et cela d'une façon plus animée et plus étendue, avec la Suisse et la Belgique, l'Angleterre et l'Italie, l'Espagne, le Danemark et la Hongrie, et notamment avec la Pologne. L'intensité de ses relations a presque toujours été proportionnelle au prestige de la France en Europe; car aucun gouvernement monarchique de la France n'a dédaigné, tout en combattant très-énergiquement la démocratie française, de prolonger l'action de cet instrument vis-à-vis des autres États, et surtout vis-à-vis de l'Allemagne. On renouvelle sur ce point ce que l'on a fait jadis, lorsqu'on opprimait les protestants en France et qu'on les soutenait en Allemagne, et lorsque la politique du roi Très-Chrétien Louis XIV était favorable à la Turquie. Je suis persuadé qu'aucun Français ne songerait jamais à nous aider à reconquérir les bienfaits d'une monarchie, si Dieu faisait peser sur nous les misères d'une anarchie républicaine C'est une qualité éminemment allemande, que de montrer une pareille bienveillance pour le sort d'un voisin hostile. Mais le gouvernement de Sa Majesté a d'autant moins de raisons de suivre ce penchant peu pratique, que tout observateur attentif a dû remarquer combien les conversions politiques ont été et sont encore nombreuses en Allemagne depuis l'*experimentum in corpore vili* fait par la Commune sous les yeux de l'Europe. Les rouges sont devenus libéraux modérés; les libéraux modérés sont devenus conservateurs; ceux qui faisaient une opposition doctrinaire se sont convertis au sentiment de l'intérêt inspiré par l'État et de la responsabilité vis-à-vis de ce dernier. La France est pour nous un salutaire épouvantail.

6

» Si la France représentait devant l'Europe un second
acte du drame interrompu de la Commune (chose que je
ne désire point, par humanité), elle contribuerait à faire
apprécier davantage aux Allemands les bienfaits d'une
constitution monarchique, et augmenterait leur attache-
ment aux institutions de la monarchie. Nous devons désirer que la France nous laisse en paix, et dans le cas où
elle ne voudrait pas respecter la paix conclue, l'empêcher
de trouver des alliances. Tant qu'elle n'aura pas d'alliés,
nous n'aurons rien à craindre d'elle. Tant que les monar-
chies marcheront d'accord, la République ne pourra rien
leur faire. C'est pour cette raison que la République française trouvera très-difficilement un allié parmi les États
monarchiques. Telle est ma conviction, et elle m'empêche
de conseiller à Sa Majesté de contribuer à soutenir en
France les droits monarchiques, qui impliquent un raffer-
missement de l'élément ultramontain, lequel nous est hostile. Je regrette vivement la différence d'opinion qui nous
divise relativement aux principes fondamentaux de notre
politique ; mais je manquerais à mes devoirs, si je ne vous
l'avouais pas.

» Je suis persuadé que cette différence d'opinion disparaîtrait peu à peu, si vous soumettiez toujours à un long
et minutieux examen vos impressions concernant les affaires
françaises et allemandes, avant de rédiger vos rapports,
que je suis forcé de soumettre à Sa Majesté, et qui nous
servent, suivant les circonstances, de pièces justificatives
devant le parlement et devant les cabinets étrangers. De
cette façon, vous donnerez à vos rapports plus d'harmonie
et de certitude, conditions sans lesquelles je ne saurais
y puiser d'impressions sûres et durables pour préparer les
rapports que je fais moi-même à Sa Majesté.

» Pour des raisons purement de forme, je prends la liberté de vous faire encore l'observation suivante :

» Vous dites, dans votre rapport du 16 de ce mois, que l'on croit que le gouvernement allemand entretient des relations indirectes avec M. Gambetta. Si Votre Excellence se rappelait que le gouvernement allemand est dirigé en première ligne par l'empereur en personne, Votre Excellence, qui connaît la manière de voir de Sa Majesté, sentirait que cette allégation contient une offense personnellement pénible au souverain; mais si vous croyez néanmoins devoir la placer, dans l'intérêt du service, dans un rapport officiel, il me paraît que vous devriez être plus explicite et ne pas parler d'un simple « on »; vous devriez aussi mieux démontrer l'utilité de pareilles insinuations que vous ne l'avez fait.

» Votre Excellence trouverait certainement déplacé, et cela avec raison, que je me permisse, dans mes dépêches officielles, de me faire l'écho de bruits qui pourraient courir d'une manière analogue, sous un simple *on*, sur l'ambassade allemande à Paris, bruits pareils à celui suivant lequel le gouvernement impérial allemand aurait des relations avec Gambetta.

» Si je faisais, pour les besoins du service, de pareilles allusions dans mes dépêches officielles, je me baserais certainement sur une autorité digne de foi, que je pourrais, au besoin, nommer.

» Signé : DE BISMARCK. »

(Pièce conservée par M. d'Arnim comme étant sa propriété particulière.)

————

DÉPÊCHE N° 281

Du 23 décembre 1873

DE M. DE BISMARCK A M. D'ARNIM.

(Sûre. Remise par le comte d'Arnim-Boytzenbourg.)

• Berlin, 23 décembre 1872.

» Je ne partage pas tout à fait les opinions que Votre
Excellence émet dans son rapport du 19 courant, touchant les déclarations faites par M. Thiers devant la commission des Trente. La phrase : « Le pays est sage, les
partis ne le sont pas, » caractérise, suivant les règles de la
courtoisie parlementaire et avec justesse, le phénomène
qui se répète dans tous les pays à constitution représen-
tative et qui motive la faculté de dissoudre le corps électif,
à savoir : que la population, y compris les électeurs, est
ordinairement plus circonspecte, plus pratique, plus patriotique que les chefs de partis, organisés au sein du Parlement et dans la presse, où, en général, les plus avancés
ont la direction de chaque parti. Un homme d'État allemand se serait peut-être exprimé autrement que M. Thiers;
mais, à mon avis, ce serait lui faire tort que de vouloir
ranger parmi les lieux communs une déclaration qui porte
si juste.

» M. Thiers s'est exprimé, à ce qu'il me semble, aussi
clairement que le voulaient les circonstances et l'occasion,
sur ce qu'il attend d'une seconde Chambre, qui dans l'or-
ganisme constitutionnel serait la première, la Chambre
haute. Il a dit dans le préambule : « Le véto donné au
chef du pouvoir exécutif ne serait pas suffisant. Le véritable remède serait l'institution de deux Chambres. »
Parler ainsi devant un public auquel l'histoire de l'Assemblée nationale de 1789 est familière, c'était entrer, préci-

sément pour la majorité conservatrice de la commission,
dans un ordre d'idées si fécond que les observations ultérieures sur l'utilité d'un second corps parlementaire con-
trôlant le premier, et la mention d'autres pays faite par
Thiers dans deux autres passages de son discours, étaient
à peine nécessaires. Je ne puis non plus trouver rien d'extraordinaire à ce qu'il déclare ne pas vouloir se prononcer sur la composition et les attributions de la seconde
Chambre avant que l'institution en soit adoptée en principe.

» Je tiens pour nécessaire d'opposer mon sentiment aux
jugements, ce me semble, injustes de Votre Excellence sur
M. Thiers, parce que des opinions différentes sur l'homme
d'État qui dirige la France conduisent Votre Excellence
à une politique autre que la mienne, alors même qu'en
principe Elle n'en aurait pas l'intention.

» Signé : DE BISMARCK. »

(Pièce conservée par M. d'Arnim comme étant sa propriété particulière.)

RAPPORT N° 13

Du 22 janvier 1873

DE M. D'ARNIM A M. DE BISMARCK.

(Par occasion sûre.)

« Paris, 22 janvier 1873.

» Dans le salon d'une dame étrangère, établie ici pour
l'hiver, on racontait il y a quelques jours en ma présence
que S. M. l'Impératrice et reine avait fait plusieurs fois
exprimer à M. Guizot le regret qu'elle éprouvait de n'avoir
pas fait la connaissance du vénérable homme d'État. Sa
Majesté, — d'après ce récit, — avait joint à ces paroles le
vœu d'apprendre l'opinion de M. Guizot sur le meilleur

moyen de diminuer la haine accumulée entre l'Allemagne
et la France. M. Guizot, ajoutait-on, avait répondu que le
temps seul pouvait servir d'auxiliaire sous ce rapport.

» Ce récit provoqua une conversation sur la justesse de la
réponse de M. Guizot. D'un côté on l'approuvait ; de
l'autre on soutenait que le temps, c'est-à-dire un laps de
temps calculable, ne changerait rien aux dispositions
actuelles des Français. On assurait que ces dispositions
étaient plus venimeuses maintenant qu'il y a un an, et que
l'évacuation ne supprimerait pas la passion, mais le frein
qui la comprime.

» Je partage cette opinion, sans y attacher grande valeur.
Je n'attends aucun adoucissement du temps ; il serait
plutôt possible, à la rigueur, que les antipathies françaises
prissent tout à coup, du jour au lendemain, sous l'influence
d'un événement ou d'un mot d'ordre, une autre direction. Mais ni l'un ni l'autre ne me semblent probables.

» Cet état de choses a, pour les rapports privés entre
Français et Allemands, des conséquences très-désagréables.
Les commerçants, obligés de renoncer à leurs affaires,
sauf quelques exceptions rares et qui ne semblent pas tout
à fait inexplicables ; les ouvriers, qui ne trouvent plus ici
leur subsistance, et les très-nombreux Allemands qui sont
contraints de séjourner ici pour leurs intérêts ou en vue
de leur pain quotidien, se trouvent dans une situation regrettable et souvent lamentable. Et l'on ne peut pas, en
ce qui concerne ceux qui restent ici, étouffer son regret
en faisant remarquer qu'ils étaient libres, après tout, de
rentrer dans leur patrie. La plupart ne sont pas en état de
le faire, et il ne leur reste, pour défrayer leur existence et
celle des leurs, qu'à endurer, par-dessus le marché, les
humiliations qu'on leur inflige journellement.

» Bien entendu, je n'apprends que la centième partie de ce qui se passe, attendu que la plupart des Allemands se cachent, et savent d'ailleurs fort bien que je ne puis leur venir en aide.

» Car, malgré toutes nos victoires et en dépit de l'armée d'occupation, je ne puis forcer aucun particulier français à traiter convenablement un Allemand. Je ne puis pas non plus, dans chaque cas isolé, m'opposer aux injustices d'autorités subalternes, quand bien même j'en serais informé à temps et suffisamment. En effet, une injustice peut parcourir un long bout de chemin avant de franchir les limites de la légalité. Pour ne citer qu'un exemple, les inconvénients de la situation se montrent sous un jour particulièrement triste dans les écoles. Ou bien le directeur refuse d'accueillir les enfants allemands, ou bien on leur interdit l'usage de la langue allemande, même pendant les heures de récréation, sous peine de châtiment. La plupart des enfants allemands oublient bientôt leur langue maternelle, et on les force ainsi de devenir plus ou moins Français.

» L'empire allemand a beau être la puissance dominante en Europe, l'Allemand isolé ne s'en aperçoit pas en ce qui touche son propre bien-être. Il se trouve au contraire dans une situation plus humiliante qu'auparavant, ayant les mêmes besoins que naguère, et ne trouvant plus chez les Français l'estime qu'on lui accordait autrefois.

» Contre tout cela, il n'existe absolument aucun remède, à moins que l'empire allemand ne se décide à racheter ses fils de l'esclavage. Mais si jamais la calamité d'une nouvelle guerre devait fondre sur les deux pays, et que Dieu nous donnât encore une fois la victoire, les Allemands feraient bien de s'assurer dans le nouveau traité de paix une situa-

tion privilégiée et une juridiction spéciale, comme dans
les États barbaresques.

» Si l'on remonte des profondeurs de la classe laborieuse
aux classes moyennes et cultivées, à celles des lettrés,
savants, etc., on rencontre, je pense, des phénomènes
analogues. Je crois qu'il n'y a pas beaucoup d'Allemands
de cette catégorie à Paris. Les rares Allemands de cette
classe que je connaisse et qui aient de bonnes raisons pour
vivre ici, se plaignent amèrement des difficultés auxquelles
ils se heurtent. Un chimiste, établi dans cette ville pour ·
quelque temps, a dû renoncer à faire des expériences dans
le laboratoire d'un professeur français, parce que les étu-
diants menaçaient ce dernier de détruire ses instruments,
s'il laissait travailler l'Allemand. Des faits pareils se pro-
duisent sans doute chaque fois que l'occasion s'en présente. Il y a d'ailleurs des exceptions dans cette classe de
la société, mais elles sont si peu fréquentes qu'on les
signale toujours.

» J'ai parlé précédemment de la situation qui s'offre à mes
yeux dans les cercles officiels et aristocratiques les plus
élevés.

» Les personnes avec qui j'entretiens des rapports officiels
et celles qui dépendent étroitement du gouvernement sont
aussi polies, aussi irréprochables de formes que je puis le
désirer. A la limite de ce cercle très-restreint, toute impo-
litesse et toute politesse expire, sauf quelques exceptions
à peine dignes d'être mentionnées. Je dois même avouer
que le système consistant à ignorer ma personne commence
déjà en dedans de cette limite. Car je crois que des personnes comme le maréchal de Mac Mahon et d'autres
généraux ne sont pas tout à fait indépendantes dans le
choix de leurs relations. En somme, le résultat de cet état

de choses est que deux Français seulement, — je les ai
comptés, — ont franchi en cachette le seuil de ma maison,
sans avoir été payés directement ou indirectement pour le
faire, et pas un seul ne l'a franchi ouvertement. Quand
on se rencontre chez des tiers, comme par exemple chez
l'ambassadeur d'Autriche, que l'opiniâtreté revêche des
Français afflige profondément, les choses se passent dans
les formes usitées entre gens bien élevés, quand ils se ren-
contrent dans la salle d'attente d'une gare sans vouloir
faire connaissance. Je suppose que les dames renforcent
leur passivité d'une dose d'impertinence; mais, à cause de
ma myopie, je ne puis rien constater de précis sur ce point
par moi-même.

» Les membres plus jeunes de l'ambassade souffrent de
cet état de choses, comme je l'ai précédemment observé,
étant privés par là d'un grand nombre d'agréments, qui ne
peuvent trouver de compensation que dans un haut degré
de résignation philosophique.

» En dehors du personnel de l'ambassade allemande, je
n'ai vu jusqu'ici aucun Allemand appartenant aux classes
élevées de la société, qui ait fait ici, sans un motif suffisant,
un séjour même passager ou qui ait recherché des ama-
bilités de la part des Français.

» En un mot, — de quelque classe de la société que soit
l'Allemand qui vit en France, — jamais il n'arrivera à
jouir du sentiment agréable que l'on éprouve à appartenir
à une nation victorieuse.

» Le désir de se venger dans les petites choses d'un grand
malheur respecte, pour des raisons faciles à comprendre
et dans certains cercles étroits, *ma* personne, mais ne
désarme *que* devant elle.

» Je m'abstiendrais de vous parler de temps à autre de

cette situation s'il ne me revenait parfois des indices d'où
je dois conclure qu'à Berlin et ailleurs on a des opinions
qui sont contraires aux miennes. Dans telle ou telle correspondance privée, on peut émettre l'idée qu'au fond les
choses ne vont pas si mal et qu'il serait possible de gagner
les Français par des avances et des concessions. On m'a dit
que je pourrais rechercher certaines connaissances, par
exemple celle du prince Orloff, qui se donne de la peine
pour être bien vu des Français.

» Le prince Orloff peut faire bien des choses que je dois
m'interdire, si je ne veux pas être soupçonné immédiatement d'être meilleur et plus doux que mon cruel gouvernement. Il m'est aussi impossible de courir après les
Français, quand je sais qu'ils ne veulent rien savoir de
moi et qu'ils ont parfaitement le droit de ne pas souhaiter
de faire ma connaissance. Au reste, un effort en ce sens
ne changerait pas un iota à la situation.

» Si, dans l'intérêt de ma situation personnelle, je voulais
admettre que les troupes bavaroises ont volé beaucoup de
pendules et déplorer ce malheur ; si je voulais suivre, en
haussant les épaules d'un air mélancolique et en gardant
le silence, les conversations sur la question catholique, on
dirait peut-être, pendant l'espace d'une semaine, que je
suis un Allemand excellent par exception. Mais la désillu-
sion créerait ensuite une situation pire que jamais, dès
qu'on aurait reconnu que je ne puis ni rendre les pendules, ni aider au pape à reconquérir son pouvoir.

» Si je me laissais aller à de telles manœuvres, je courrais
le danger de me trouver peu à peu compromis dans une
conspiration contre mon gouvernement, qui serait un crime
de haute trahison. Et enfin, quel avantage cela nous donne-
rait-il, que je parvinsse visiblement à devenir un intime dans

les parvis plus ou moins sacrés du faubourg Saint-Germain ou dans les locaux profanes de la rue Laffitte? Il n'y a plus que les habitants des villes de province et ceux des petites capitales, habitués à établir de faux parallèles, qui soient encore accessibles à la fascination qu'exerce l'aristocratie française.

» On y oublie que les classes sociales qui, en France, ont fait de Paris, depuis deux siècles, un foyer de vie brillante, vivent en Allemagne, grâce à l'esprit d'équité et d'égards des rois de Prusse, grâce à leur propre sens pratique, disséminées sur toute la surface du pays, et gouvernent même çà et là de petits territoires comme de véritables souverainetés ou comme des demi-souverainetés.

» L'aristocratie française ancienne et nouvelle ayant des hôtels à Paris et la richesse s'y concentrant, Paris est devenu un lieu de séjour très-agréable. Mais l'aristocratie française n'y a pas gagné en distinction. Son influence dans le pays est relativement insignifiante. Il y a encore en Allemagne beaucoup de personnes, jouissant de situations héréditaires ou acquises, dont l'influence, basée sur des droits qui leur appartiennent en propre, ne peut être ignorée par le gouvernement sans dommage pour le pays. De telles situations et de telles personnes ne se trouvent pas en France, malgré la richesse de quelques personnages et le prestige de quelques noms. Je ne vois donc nullement quel intérêt je pourrais avoir à courir après ces gens, ou à faire plus de la moitié du chemin pour aller à leur rencontre, lorsqu'ils ne sauraient m'être utiles, comme ambassadeur, et me procurent peu de jouissance comme homme.

» Si l'aristocratie française devait se trouver un jour en possession du pouvoir central, il faudrait attendre et voir si elle déploierait, dans les rapports officiels et sociaux, l'ur-

banité qui caractérise mes relations avec le gouvernement
actuel.

» Je prie Votre Altesse d'excuser la longueur de ce rapport. J'y répète ce que j'ai dit précédemment, ou plutôt
j'y constate que les choses ont empiré au lieu de s'améliorer. J'aurai, sans doute, encore plus d'une occasion de
vous écrire dans le même sens. Mais je trouve que beaucoup d'influences, beaucoup d'intérêts, de règles de goût,
de manières de voir et parfois de petits motifs personnels
extrêmement curieux concourent à déguiser la vérité.

» La vérité est que la guerre de 1870 a créé entre les
deux pays limitrophes une situation qui offre une certaine
analogie avec les relations qui existaient, avant 1859, entre
l'Autriche et la Sardaigne.

» Une connaissance exacte et non fardée de la vérité est
dans notre intérêt. Mon devoir est de ne pas la laisser
s'obscurcir, alors même que je devrais souvent répéter la
même chose. Je serais tout aussi peu disposé à me taire
si, contre mon attente, il se produisait un changement.

» *Signé :* D'ARNIM. »

(Pièce sur laquelle M. d'Arnim a déclaré ne pouvoir donner de renseignements.)

DÉPÊCHE N° 15

Du 2 février 1873

DE M. DE BISMARCK A M. D'ARNIM.

(Par courrier de cabinet.)

« Berlin, 2 février 1873.

» Votre Excellence a dépeint, dans son rapport n° 13
du 22 dernier, les conditions sociales de Paris, en tant
qu'elles concernent les Allemands vivant dans cette ville et

les membres de l'ambassade, et a pris pour point de départ la supposition que ces conditions et les difficultés qui en résultent pour Votre Excellence, soit au point de vue de la protection à donner aux nationaux, soit en ce qui concerne sa propre situation sociale, ne sont pas appréciées ici à leur juste valeur.

» Cette supposition n'est pas fondée. Que Votre Excellence veuille bien se persuader, au contraire, que la situation pénible des Allemands en France est entièrement connue ici, et que Sa Majesté l'Empereur ne doute nullement que Votre Excellence ne se trouve point en mesure de leur accorder une protection efficace contre la haine des Français jusque dans la vie privée, non plus que de provoquer une amélioration en ce qui regarde sa propre situation sociale, amélioration qu'on ne peut espérer que du temps, — si toutefois on peut l'espérer.

» Bien qu'il soit impossible de ne pas reconnaître que le système d'exclusion sociale appliqué aux membres de l'ambassade entraîne pour ces derniers mainte privation, qui leur serait épargnée en tout autre pays, la haine si peu déguisée des Français a pour conséquence, d'autre part, que les devoirs de leur mission diplomatique se trouvent simplifiés et allégés à plus d'un point de vue.

» Tandis que chaque représentant de Sa Majesté à l'étranger doit se faire une loi de nouer de nombreuses relations au point de vue officiel et au point de vue social, d'être continuellement renseigné sur l'opinion du pays, d'acquérir de l'influence sur cette opinion, de favoriser la bonne entente des deux nations, d'éviter soigneusement ce qui pourrait la troubler, la situation en France a pris, depuis la guerre, une forme telle que les représentants de Sa Majesté l'Empereur doivent renoncer à remplir cette tâche

multiple, parce que la remplir complétement est impossible, et qu'y travailler d'une manière sporadique serait
inutile.

» La franchise avec laquelle, depuis le traité de Francfort, la haine nationale contre les Allemands est attisée et
proclamée en France par tous les partis, nous montre
clairement que chaque gouvernement, à quelque parti
qu'il appartienne, regardera la revanche comme sa principale mission. Tout ce qu'il s'agit de connaître, c'est le
temps dont les Français auront besoin pour réorganiser
leur armée et leurs alliances, de manière à être capables,
d'après leur opinion, de recommencer la lutte. Dès que
ce moment sera venu, tout gouvernement français, quel
qu'il soit, sera forcé de nous déclarer la guerre. Nous
sommes complétement préparés à voir les choses se passer
ainsi, et notre représentation à Paris ne s'attirera aucun
reproche si elle est impuissante à brider l'ardeur belliqueuse des Français. S'il est vrai que Sa Majesté l'Impératrice ait sollicité les conseils de M. Guizot sur le meilleur moyen de tempérer la haine des Français à notre
égard, un sentiment bien naturel, vu la sensibilité fémi-
nine, a été la cause de cette démarche. Mais il ne rentre
pas dans les attributions de Votre Excellence d'adoucir
l'injuste ressentiment de nos voisins, aussi longtemps que
tout effort dans ce sens sera aussi chimérique qu'incompa-
tible avec notre dignité. Nous n'avons pas voulu la guerre;
mais nous sommes toujours prêts à la faire de nouveau,
dès que de nouveaux actes présomptueux de la France
nous y contraindront. *Oderint, dum metuant.*

» Une connaissance exacte de cet état de choses dispense
notre représentant en France de la plus grande partie des
lourds devoirs qui lui incomberaient en temps ordinaire.

Il ne peut pas y avoir grand intérêt pour nous à être renseignés sur le langage de tel ou tel homme d'État, de tel ou tel député français, attendu que tous poursuivent, vis-à-vis de nous, le même but hostile. Il me semble aussi, par conséquent, que c'est prendre une peine inutile que de rechercher des relations sociales qui ne s'offrent pas d'elles-mêmes, ou de vouloir exercer sur des questions de détail une influence qui ne peut ni entraver ni modifier le développement général des choses.

» Au point de vue social, je ne puis donc que partager sans réserve l'opinion de Votre Excellence, à savoir, que votre rôle ne consiste pas à courir après des gens qui ne font pas la moitié du chemin pour venir à votre rencontre, ou qui manquent de façon ou d'autre à la courtoisie exigée par votre position. Voici, en général, quelle sera la conduite la plus conforme à l'état des choses : il faudra que Votre Excellence attende, comme elle l'a fait jusqu'à présent, avec une dignité et une réserve calmes, les rapports sociaux qui s'offriront par suite de causes particulières. Je n'ai pas besoin d'ajouter que Votre Excellence rendra d'autant plus manifeste pour les Français l'intention sur laquelle se basera une telle attitude, et répondra aussi d'autant plus exactement aux intentions de Sa Majesté, si, dans les cas isolés et exceptionnels où des avances lui seraient faites par les Français, elle réplique à ces prévenances exceptionnelles par la courtoisie sans restriction qui est usitée dans les circonstances ordinaires.

» Quant aux inconvénients dont les Allemands qui vivent à Paris ont à souffrir dans leurs relations commerciales, par suite de la haine des Français, nous ne sommes pas, comme Votre Excellence l'a fait ressortir avec raison, en état d'y remédier, tant qu'une illégalité n'aura pas été

prouvée dans un cas spécial. Les Allemands qui se sont
rendus en France après la guerre, pour y chercher des
moyens d'existence, connaissaient les sentiments de la population; ils devaient s'attendre à des persécutions et à
des humiliations, et se sentir personnellement aptes à endurer de semblables ennuis moyennant finance. Ils auraient
mieux fait, s'ils attachaient surtout du prix à être traités
avec respect, de mettre leurs talents et leur travail à la
disposition de leur propre pays, où ils auraient été appré-
ciés convenablement et employés d'une manière satisfaisante. Quoique regardant en toute occasion comme un
devoir du gouvernement de Sa Majesté, devoir à l'accomplissement duquel je ne me soustrais jamais, d'accorder
une entière protection aux intérêts de nos compatriotes
dans leurs rapports commerciaux, je ne saurais sympathi-
ser avec le « Parisien d'origine allemande », qui ne reste
Allemand qu'en tant qu'il réclame aide et protection.

» *Signé* : DE BISMARCK. »

(Pièce sur laquelle l'accusé a déclaré ne pouvoir donner aucun renseignement.)

RAPPORT N° 21

Du 7 février 1873

DE M. D'ARNIM A M. DE BISMARCK.

(Secret.)

« Paris, 7 février 1873.

« A Son Altesse le chancelier de l'Empire prince de Bismarck.

» Pour faire suite à mon rapport n° 20, du 5 courant,
j'ai l'honneur de vous soumettre les remarques suivantes :

» Au cours de notre entretien, M. Thiers m'adressa cette
question avec une certaine chaleur : « Foi de galant

» homme, dites-moi s'il est vrai que votre gouvernement
» veuille déclarer une nouvelle guerre à la France aussitôt
» que nous aurons payé? Je suis sûr que vous me direz la
» vérité. Après avoir traité avec moi les plus graves affaires,
» où vous avez pu constater ma bonne foi, vous ne voudrez
» pas faire jouer à un vieillard un rôle de dupe ridicule.
» Je répète que je veux la paix, la paix et encore la paix.
» Le pays, malgré les apparences, la veut aussi. Il maudit
» ses juges, mais il accepte le verdict. Ainsi, dites-moi la
» vérité en gentilhomme. »

» Je crois que la question qui m'était adressée ne m'au-
torisait pas à motiver une *fin de non-recevoir,* en répondant que je ne pouvais me laisser pousser dans une alternative entre la *foi d'un gentilhomme* et les *devoirs d'un
ambassadeur.*

» Je n'ai donc pas hésité à dire au Président que, d'après
ma ferme et sincère conviction, ni Sa Majesté l'Empereur,
ni son conseiller, ni la nation en général ne tramaient, pro-
jetaient, ou même tenaient simplement pour désirable une
guerre avec la France. Quel intérêt pourrions-nous avoir
à lui chercher querelle? J'ai demandé à M. Thiers qu'il
voulût bien ne pas oublier que la guerre nous avait imposé
de lourds et douloureux sacrifices, que ne compensaient
pas les résultats obtenus. Une nouvelle guerre imposerait
à chacun de nouveaux sacrifices, dont aucun ne pourrait
être dédommagé par un traité de paix, si avantageux
qu'il fût.

» J'ai ajouté qu'il devait se persuader une fois pour
toutes que les Allemands, quoique aptes à la guerre, ne
pourraient jamais devenir des voisins amoureux de la
guerre. Une question très-différente était celle de l'ardeur
belliqueuse de la nation française. J'ai dit à M. Thiers

7

qu'il ne pouvait m'échapper qu'une haine immense s'était amassée en France, destinée à faire explosion un jour ou l'autre, d'une manière ou d'une autre, attendu que jusqu'ici l'abaissement progressif de cette haute température n'était pas vraisemblable. J'ai fait remarquer qu'il y avait, sans contredit, dans ces dispositions nationales, le germe d'un grand péril, sur lequel il devait se faire aussi peu d'illusions que moi-même.

» M. Thiers renouvela ses assurances et exprima l'espoir de voir la croyance à des relations pacifiques durables s'établir peu à peu.

» Au fond, l'esprit pacifique du président et les dispositions de la nation n'entrent aucunement, selon moi, en ligne de compté, en tant qu'il s'agit d'un danger de guerre immédiat.

» Si M. Thiers avait une armée en état de combattre, et s'il haïssait. la guerre autant qu'il l'aime instinctivement, ses protestations seraient au bout du compte sans la moindre valeur. L'essentiel, pour moi, c'est le fait bien établi, d'après toutes les observations de mes conseillers militaires, que l'armée française ne sera pas, dans le courant des années prochaines, en mesure de soutenir contre nous une guerre, même de courte durée. Vouloir nous chercher querelle serait un acte de folie dont on ne peut croire capable même cette nation française chez laquelle l'imprévu joue le plus grand rôle.

» Dans le cas même où l'Allemagne serait, dans le courant de cette année ou de l'année suivante, entraînée à des complications militaires avec d'autres pays, la France ne pourrait être pour notre ennemi qu'un allié de peu d'importance.

» Donc, si, lors de l'examen qui sera fait des propositions du Président, la puissance militaire de la France devait être invoquée, nous pourrions admettre, sans nous rendre coupable de légèreté, que jusqu'au milieu de l'année prochaine l'épée de la France ne pèsera pas plus dans la balance que, par exemple, celle de la Belgique.

» Et, comme des complications avec d'autres pays ne sont pas à redouter pour 1873, nous pouvons nous abstenir de considérer l'armée française comme un facteur à faire entrer dans nos calculs.

» Partant de ce point de vue, j'arrive à la conclusion qu'il serait plus conforme à *notre* intérêt qu'à l'intérêt *français* de procéder à l'évacuation désirée par Thiers *plus tôt* qu'il ne l'a proposé lui-même, et cela *aux conditions suivantes :*

» 1° La France payera le reste des 4 milliards par termes déterminés, aussi proportionnés que possible, d'ici au 15 mai ou au 15 juin ;

» 2° La France nous remettra, du 1ᵉʳ mai au 15 juin, son portefeuille de lettres de change, s'élevant à la somme de 600 à 700 millions ;

» 3° La France payera les sommes dont elle sera encore redevable après cette opération, et s'élevant à 4 ou 500 millions, par termes bi-mensuels, à dater du 1ᵉʳ juillet, de telle sorte que le dernier versement devra avoir lieu le 1ᵉʳ novembre.

» *N. B.* — Si la France voulait renforcer les versements bi-mensuels, il n'y aurait pas lieu de s'y opposer. Je conseille de fixer des termes bi-mensuels pour multiplier les occasions de se plaindre de l'inexactitude de la France.

» 4° Dans le courant d'octobre, une commission mixte se réunira à Belfort pour le règlement de la liquidation ;

7.

elle devra avoir achevé ses travaux avant le dernier terme, de telle sorte que la liquidation tout entière soit close définitivement par le dernier payement ;

» 5° Jusqu'à l'achèvement de la liquidation, et, par suite, jusqu'au dernier versement, la place de Belfort restera occupée par une garnison allemande de la force de.... Trois jours après le dernier payement, elle sera évacuée ;

» 6° Jusqu'au 1er mars 1874, les] quatre départements des Vosges, des Ardennes, de la Meuse et de la Meurthe resteront neutralisés. Le gouvernement français n'y peut faire exécuter des travaux de fortification, etc., ni mettre des troupes, sauf les détachements nécessaires pour le maintien de l'ordre. Une commission d'officiers de l'état-major prussien, composée d'un colonel, d'un major et d'un capitaine, peut demander à tout moment à parcourir les départements sous la conduite d'une commission française (composée d'officiers du même rang), et à être menée sur les lieux qu'elle voudra inspecter, pour se convaincre que les clauses stipulant la neutralité sont respectées.   .

» 7° Si les termes de payement ne sont pas observés, ou si l'on reconnaît que le gouvernement français a agi contrairement aux dispositions du paragraphe 6, les départements des Ardennes et des Vosges peuvent être occupés de nouveau par une armée allemande de 50,000 hommes.

» Si M. Thiers accepte ces conditions, je crois que nous pouvons lui faire la concession suivante, qui étonnera tout le monde et lui plus que personne ; à savoir :

» De commencer l'évacuation entre le 1er et le 15 avril et de l'achever au 1er mai.

» Nous pouvons même, si cela nous convient, commencer l'évacuation plus tôt, sans courir le moindre risque.

» Votre Altesse aura reconnu pour quels motifs un arrangement tel que celui que j'ai l'honneur de proposer me paraît répondre à nos intérêts mieux que tout autre, et, en particulier, mieux que le maintien des stipulations de la convention du 29 juin.

» Mon raisonnement deviendra plus clair encore pour Votre Altesse si Elle veut avoir la bonté de se représenter comment marcheraient les choses, dans le cas où nous déclinerions purement et simplement toute négociation sur le terrain indiqué par le président.

» Il est hors de doute que M. Thiers consentirait alors à de grands sacrifices pour payer le cinquième milliard jusqu'au 1ᵉʳ ou au 15 août. Nous serions obligés alors d'évacuer conformément au traité, et nous perdrions toute influence ultérieure sur la France.

» Entre l'occupation par les 50,000 hommes, qui pendant les derniers temps a été doublement ressentie, et la libération complète de la France, il y a une période intermédiaire, durant laquelle nous pourrons encore surveiller la France, sans peser sur elle autant que nous l'avons fait jusqu'à présent.

» Mais si on conclut un arrangement comme celui que je propose, l'*intensité* de la pression par nous exercée diminuera bientôt, — et en revanche elle sera prolongée jusqu'à la date où, d'après les stipulations du traité de Francfort, nous devions occuper le territoire français. Les Français oublieront souvent que nous sommes encore à Belfort et que nous pouvons à chaque instant revenir. Un mot suffira toujours pour les rappeler à l'ordre, mais nous serons, d'autre part, en situation de nous faire une image de l'état de choses qui se produira quand notre occupation, tant matérielle que morale, aura cessé.

» Le provisoire de la situation intérieure sera prolongé, ou tout au moins ne prendra pas une direction qui puisse nous être positivement désagréable. On pourrait songer à une stipulation formelle qui nous donnerait le *droit* de réoccupation dans le cas où il y aurait un changement de gouvernement. Mais une telle stipulation n'est pas nécessaire, attendu qu'une crise intérieure grave et violente aurait pour conséquence, en tout état de cause, une certaine irrégularité dans les payements, qui par elle-même nous autoriserait à la réoccupation. D'ailleurs le président ne peut guère accepter une clause semblable, alors même qu'il la désirerait.

» A toutes ces considérations s'en joint une autre, d'une nature plus générale.

» Votre Altesse sait que je n'attends pas grand'chose de la soi-disant attitude conciliante des Français, et que je ne conçois pas non plus très-bien pourquoi on ne laisserait pas les Français éprouver les *premiers* le besoin de la réconciliation, — d'autant plus qu'au fond nous ne ressentons aucune haine pour eux.

» D'un autre côté, je rappellerai à Votre Altesse que je n'attends pas du temps, mais plutôt d'un événement imprévu, une modification des sentiments des Français. On créerait peut-être un semblable événement en évacuant d'une manière tout à fait inattendue les quatre départements, — Belfort excepté, — et je puis très-bien m'imaginer que dans leur joie les Français oublieraient une foule de choses, entre autres l'aggravation de leur situation, qui, au fond, résulterait de l'adoption de ma proposition.

» Pour produire un tel effet, il serait d'ailleurs indispen-

sable que les négociations fussent conduites et menées à
terme dans le secret le plus profond, sans qu'un seul mot
en pénétrât dans le public. Il serait bon, en outre, de placer le terme auquel devrait commencer l'évacuation à une
époque aussi rapprochée que possible, afin que notre
apparente concession s'offrît réellement sous un jour très-
brillant. Elle n'en serait pas moins apparente au fond.

» On a dit avec raison, au temps de l'occupation des
États de l'Église par les Français, qu'un drapeau tricolore
et un tambour placés à Civita-Vecchia atteindraient tout
aussi bien le but de l'occupation qu'une division entière.

» Il en est de même aujourd'hui entre la France et nous.
L'occupation de Belfort et la *certitude* que nous pouvons
revenir garantissent l'exécution des clauses non encore
remplies du traité de paix, aussi bien que l'armée d'occupation.

» L'influence exercée de cette façon sur l'opinion française
a moins de valeur à mes yeux que l'effet qui serait produit
dans les autres pays par une prompte détermination de notre
part dans le sens que j'ai indiqué. On saurait, je crois, très-
mauvais gré aux Français, s'ils se montraient ingrats et
voulaient se conduire d'une manière inconvenante, quand
nous aurions pris vis-à-vis d'eux une attitude que toute
l'Europe regarderait probablement, à première vue,
comme une concession étourdie.

» Après avoir mûrement examiné toutes les questions
qui entrent ici en ligne de compte, je ne puis donc me
dispenser d'exprimer la persuasion que, si la chose était
traitée comme je le désire, il ne pourrait pas en résulter
un seul inconvénient, — et qu'au contraire cette façon
de procéder est propre à nous assurer, sous les dehors
d'une concession en apparence importante, et en réalité

précieuse pour le gouvernement français, de nouveaux avantages, qui nous échapperont si nous persistons à faire exécuter les traités au pied de la lettre.

> » *Signé :* D'ARNIM. »

(Pièce sur laquelle M. d'Arnim a déclaré ne pouvoir donner de renseignements.)

Rapport n° 38, du 16 avril 1873, du comte d'Arnim au ministère des affaires étrangères, concernant l'éventualité d'une vacance du Saint-Siége.

Rapport n° 39, du 26 avril 1873, du comte d'Arnim au ministère des affaires étrangères, concernant le futur conclave.

Rapport n° 40, du 28 avril 1873, du comte d'Arnim au ministère des affaires étrangères, au sujet d'une conversation que l'ambassadeur avait eue avec M. Thiers touchant la maladie du Pape.

Rapport n° 46 du 21 mai 1873, concernant l'élection pontificale et la situation de l'Allemagne vis-à-vis de la Curie romaine.

(Ces quatre rapports, qui n'ont pas été lus à l'audience publique, figurent parmi ceux qui ont été restitués par le comte d'Arnim avant le procès.)

DÉPÊCHE N° 90

Du 2 juin 1873

DU MINISTÈRE DES AFFAIRES ÉTRANGÈRES AU COMTE D'ARNIM.

» Berlin, le 2 juin 1873.

» J'ai l'honneur d'envoyer à Votre Excellence la copie de deux articles du *Gaulois* du 22 et du *Français* du 26 du

mois dernier et je vous prie de vouloir bien me faire savoir
si les renseignements qu'ils contiennent sont exacts.

Signé : DE BISMARCK.

(Pièce conservée par M. d'Arnim comme étant sa propriété particulière.)

DÉPÊCHE Nᵒ 102

Du 18 juin 1873

DU PRINCE DE BISMARCK AU COMTE D'ARNIM.

« Berlin, le 18 juin 1873.

» Le 2 de ce mois, j'ai pris la liberté de transmettre à
Votre Excellence les articles de deux journaux qui racon-
taient, l'un en indiquant le temps et le lieu, l'autre sans
rien préciser à cet égard, que Votre Excellence aurait
émis dans le monde cette assertion, que le gouvernement
allemand n'avait pas intérêt au maintien du gouvernement
de M. Thiers.

» L'explication que vous me donnez dans votre rapport
du 10, et de laquelle il résulte que ces articles sont de pure
invention, m'a été très-agréable, bien qu'inattendue en
quelque sorte, si je dois inférer de là que vous n'avez rien
dit en conversation qui ait pu donner lieu aux correspondances en question.

» Les appréciations que Votre Excellence aurait émises,
d'après ces articles, sur la situation et sur l'intérêt qu'elle
peut nous offrir, étaient tellement d'accord avec les rapports officiels envoyés par Votre Excellence depuis l'hiver
dernier, que si Votre Excellence ne les a jamais émises
dans la conversation, je dois admettre qu'il a été possible
à Votre Excellence d'éviter toute espèce d'entretien sur ce
sujet. Je me crois autorisé à en conclure que Votre Excel-

lence n'a soutenu sa manière de voir, différente de la mienne, que vis-à-vis de Sa Majesté Impériale.

Signé : DE BISMARCK.

(Pièce conservée par M. d'Arnim comme étant sa propriété particulière.)

DÉPÈCHE N° 104
Du 19 juin 1873
DE M. DE BALAN A M. D'ARNIM.
(Sûre.)

- Berlin, le 19 juin 1873.

» J'ai l'honneur d'envoyer ci-joint à Paris à Votre Ex-. cellence, en vertu d'un ordre exprès de M. le chancelier de l'Empire, copie d'une dépêche de Son Altesse Sérénissime en date du 18 courant, dont l'original a été déposé à l'hôtel de la place de Paris, n° 4, parce qu'on ne sait pas où vous vous trouvez en ce moment.

Signé : DE BALAN.

(Pièce conservée par l'accusé comme étant sa propriété particulière.)

RAPPORT N° 120
Du 17 octobre 1873
DE M. D'ARNIM A M. DE BISMARCK.
(Par courrier de cabinet.)

- Paris, le 17 octobre 1873.

» J'ai eu hier, en exécutant les ordres contenus dans votre dépêche n° 185, un long entretien avec le duc de Broglie.

» Je lui ai dit qu'il était de mon devoir de l'entretenir avec insistance de l'effet que le langage de la presse et de quelques personnes haut placées, par exemple de l'évêque de Nancy, ne pouvaient manquer de produire sur les rapports des deux pays.

» J'ai ajouté que la situation préoccupait mon gouvernement à deux points de vue : je lui ai fait remarquer que, d'une part, il ne fallait pas se dissimuler que les passions, si elles étaient constamment aiguillonnées, devaient nécessairement amener un éclat, et même compromettre la paix. J'ai fait ressortir d'autre part qu'on ne pouvait pas ne pas voir que jusqu'à présent le gouvernement français n'avait rien fait pour montrer d'une manière manifeste que, contrairement au langage des journaux et de quelques personnes, il voulait maintenir la paix non-seulement en général et pour le moment, mais aussi en s'efforçant d'empêcher ce qui serait propre à entretenir les dispositions hostiles à l'égard de l'Allemagne.

» J'ai dit, en outre, que le gouvernement n'avait pas même décliné d'une manière non équivoque la responsabilité de l'attitude des journaux qui passaient généralement pour lui être dévoués.

» J'ai rappelé que le duc avait désavoué dans un discours bien connu les idées qui auraient, au point de vue de la politique intérieure, fait suspecter le gouvernement de nourrir des projets de réaction violente. J'ai dit qu'au point de vue de la politique extérieure, je cherchais en vain une déclaration énergique du même genre, et que, précisément dans ce domaine, le péril était bien plus grand encore. Je le priai de vouloir bien une bonne fois se rendre clairement compte de la situation.

» Nous sommes, lui ai-je déclaré, animés du sincère désir de vivre dans une parfaite entente avec la France, maintenant que la guerre est terminée. Nous avons soutenu contre d'autres pays des guerres heureuses, et nous vivons

aujourd'hui avec leurs gouvernements dans les meilleurs
rapports. Rien, de notre côté, ne s'oppose à ce que les
relations de la France avec l'Allemagne prennent également une tournure tout à fait amicale.

» Mais nous ne pouvons rester en paix qu'avec une
France et un gouvernement français qui nous prouvent
d'une manière certaine par leur attitude qu'ils regardent
comme définitif l'état politique actuel de l'Europe, notamment celui de la partie qui nous intéresse.

» Les limites actuelles de la France, et·la constitution
politique de l'Allemagne, ainsi que de ses confédérés, sont
à nos yeux les bases désormais indiscutables sur lesquelles
les États et les peuples européens doivent régler leurs relations internationales d'après leurs intérêts. Quiconque
accepte ces bases avec nous sans arrière-pensée peut voir
dans l'Allemagne une puissance amie et bienveillante.
Sinon, — non. »

» J'ai invité M. de Broglie à se demander à lui-même si
les dispositions des partis qui dominent en ce moment répondaient aux conditions auxquelles la paix entre la France
et l'Allemagne était possible.

» Je lui ai fait observer qu'en réalité la situation ressem-
blait plutôt à un armistice, que la France se réservait la
faculté de dénoncer au premier moment favorable. J'ai
ajouté que je ne pouvais admettre que la presse influencée
par le gouvernement impérial fît voir, comme il l'objectait,
un amour platonique pour la forme républicaine et le radicalisme français, et rendît ainsi plus difficile la situation
du gouvernement français. Je lui ai déclaré que, selon
moi, la question ne devait pas être posée de cette manière,
que si la France voulait rappeler ses anciens rois, c'était
son affaire ; mais que s'il ne s'agissait pas seulement d'une

restauration à l'intérieur de la France, et que si la restauration de la royauté devait au contraire devenir le signal d'une activité politique dont le but serait le renversement de tout ce qui a été créé dans les dix dernières années, la question devenait internationale, et que l'on ne pouvait s'étonner en France des inquiétudes qui se trahissaient en tous lieux. J'ai dit en outre à M. de Broglie que je ne pouvais pas davantage laisser repousser mes réclamations par cette objection souvent émise déjà « *qu'il fallait être indulgent pour les vaincus.* » J'ai ajouté qu'il me semblait plutôt que je pourrais me voir forcé de réclamer « *un peu plus d'indulgence pour les vainqueurs* », et que je priais sérieusement M. de Broglie de se mettre une bonne fois à notre place, et de se demander si je pouvais être longtemps encore témoin d'un état de choses grâce auquel les journaux dévoués au gouvernement publiaient, malgré l'état de siége, des articles comme, par exemple, ceux qu'on lisait aujourd'hui à l'occasion de la correspondance de Sa Majesté avec le pape. Vous ne me parlez, ai-je dit, que des compensations qu'une guerre heureuse nous a values. Mais je dois vous répondre que ces compensations seraient loin d'être suffisantes si, au lieu de la certitude d'une longue paix, nous avions obtenu pardessus le marché la perspective d'une nouvelle guerre.

« Je lui ai fait remarquer que l'irritation, — à son avis, — n'était qu'à la surface. Fort bien ! ai-je ajouté, il n'en est que plus facile de conjurer les symptômes d'une surexcitation future, afin que la maladie ne s'étende pas de la circonférence au centre. Je lui ai rappelé le mot d'un illustre homme d'État, qui a dit *que les choses, pas menées, mènent à la guerre.* C'est un mot de feu le duc de Broglie, père du ministre actuel.

» J'ai terminé en disant que j'étais toujours forcé de répéter que tout gouvernement qui ne se contenterait pas de
parler en termes généraux de son amour de la paix, mais
qui contribuerait aussi, pour sa part, à habituer la nation
à l'idée de vivre avec nous sur le pied d'une paix durable, pouvait compter sur notre empressement à aller au-
devant de ses désirs. Mais quand nous voyons, ai-je dit,
que le gouvernement ne peut ou ne veut pas donner de
garanties à ce point de vue, force nous est de chercher à
nous procurer d'une autre manière la *certitude* d'une existence pacifique.

» Le duc a accueilli mes déclarations sans irritation,
mais avec une grande émotion. Ses réponses sont indiquées par le résumé ci-dessus des communications que je
lui ai faites, et je ne crois pas nécessaire de les reproduire
d'une manière spéciale.

» Il s'est abstenu de récriminations violentes contre la
presse allemande. Il a mentionné seulement avec quelque
amertume le récent entrefilet relatif au duc d'Aumale.
Cet entrefilet l'a, dit-il, péniblement affecté, attendu que
le duc s'était d'abord proposé d'aller à Metz incognito.

» Il a ajouté qu'il avait cru, lui ministre, plus loyal de
consulter préalablement le gouvernement allemand, et
qu'aujourd'hui on accusait le duc d'Aumale d'un manque
complet de tact à l'occasion d'une démarche dont il était
tout à fait innocent.

» Quant aux moyens d'agir sur la presse, M. de Broglie
a déclaré se trouver dans un certain embarras. Il m'a fait
remarquer qu'il avait déjà lancé à plusieurs reprises des
avertissements restés inutiles; que la plupart des feuilles
dont je me plaignais lui feraient à lui-même de l'opposition si le ministère actuel n'était pas issu d'une coalition.

» Je suis, m'a-t-il dit, comme vous le savez, la *bête noire* des exaltés.

» Il a exprimé, en outre, l'intention de déclarer devant tout le monde, sous une forme quelconque, soit par un acte diplomatique (dépêche ostensible à M. de Gontaut-Biron?), soit par un discours dont l'occasion se présentera, soit d'une autre manière, qu'il partage entièrement, au point de vue des rapports de l'Allemagne avec la France, les opinions que je lui ai exposées.

» Il part aussi, m'a-t-il déclaré, de ce principe, que la constitution politique actuelle de l'Europe est définitive. Si les ambitions déçues, les princes dépossédés, et Sa Sainteté elle-même attendaient de la France la réalisation de leurs vœux, ils éprouveraient de pénibles désappointements.

» M. de Broglie a terminé en exprimant ses remercîments pour la franchise avec laquelle j'avais appelé son attention sur la gravité de la situation. « J'en suis profon-
» dément impressionné, a-t-il dit, et j'en tiendrai le plus
» grand compte. »

> » *Signé :* d'Arnim. »

(Pièce sur laquelle M. d'Arnim a déclaré ne pouvoir donner aucun renseignement.)

RAPPORT N° 151

Du 18 décembre 1873

DU COMTE D'ARNIM AU PRINCE DE BISMARCK.

Dans ce rapport, M. d'Arnim demande à M. de Bismarck quelles déclarations il doit faire dans le cas où M. le duc Decazes voudrait connaître l'opinion du chan-

celier de l'Empire touchant la représentation diplomatique
des États allemands à Paris.

(Cette pièce ne figure pas parmi celles qui ont occasionné les poursuites.)

————

DÉPÊCHE N° 291

Du 23 décembre 1873

DE M. DE BISMARCK A M. D'ARNIM.

« Berlin, le 23 décembre 1873.

» Dans son rapport n° 151, du 18 courant, Votre Excellence mentionne l'intention qu'on aurait d'élever les
représentants de la France à Munich et à Dresde au rang
d'envoyés extraordinaires ; je n'ai encore rien appris d'autre part à ce sujet. Ce qui m'a surtout frappé dans votre
rapport, c'est la supposition qu'un diplomate ambitieux et
capable comme M. Lefebvre ait pu refuser l'importante
légation de Washington pour rester à Munich ; ce serait
une preuve évidente de l'importance que la diplomatie
française attache encore aujourd'hui à ce poste. Je ne cher-
cherai pas à résoudre la question de savoir si M. Lefebvre
a réfléchi à la compensation qui résulterait pour lui d'un
degré plus élevé dans la hiérarchie diplomatique. Peut-
être a-t-il assez de dévouement pour son pays pour avoir
plutôt pensé à la chose qu'à la forme ou à sa propre
personne.

Cette forme ne nous est naturellement pas indifférente ;
bien au contraire, la démonstration contenue dans le fait
d'accréditer des envoyés français auprès des cours allemandes peut nous donner une mesure infaillible pour
apprécier la valeur que le gouvernement français attache
à de bonnes relations avec l'Allemagne. Cela est si clair

qu'aucun Français ne peut avoir de doutes sur ce point,
et qu'il est à peine nécessaire d'insister d'une façon particulière sur notre manière de voir à cet égard. Notre opinion est fondée sur la constitution et la nature de l'Empire, et si cette constitution et les débats du parlement
allemand sur le maintien du droit de légation à Paris sont
inconnus dans cette capitale, il n'en sera pas de même des
articles de la presse allemande, qui, depuis près de trois ans,
n'ont laissé, je crois, de doute à personne sur la façon dont
on envisagerait de semblables velléités au sein de la nation
allemande et dans les sphères dirigeantes de son gouvernement. Mais, pour cette raison même, nous pouvons être
sûrs que l'initiative de cette extension des rapports diplomatiques entre des États allemands et la France, ne partira pas aisément des premiers; quand bien même il ne
s'agirait que d'une question de forme, l'effet produit ne
répondrait guère aux intérêts des cours en question. Votre
Excellence connaît parfaitement les dispositions de la Constitution de l'Empire concernant le droit de légation, et
notamment les droits accordés à la Bavière dans le proto-
cole final du 23 novembre 1870. Ces dispositions sont pour
nous un motif de ne manifester qu'avec prudence notre
manière de voir vis-à-vis des Français.

» Ils ne manqueraient pas, dans le cas contraire, d'insi-
nuer à Munich et dans d'autres capitales que nous cher-
chons à restreindre les droits réservés aux différents États
par la Constitution de l'Empire. Si toutefois le duc Decazes
adressait réellement à Votre Excellence une question sur
nos désirs à cet égard, comme vous en faites entrevoir, à
ma grande surprise, la possibilité, bien que le ministre
français ne puisse guère avoir de doute sur ce point, il ne
vous serait pas difficile de donner à entendre que l'idée

que tout agent de la France en Allemagne et tout lecteur
de journaux ne peut manquer d'avoir de l'importance que
la nation allemande attache à une représentation unitaire
vis-à-vis de l'étranger, doit être connue du gouvernement
français, et que Votre Excellence n'a pas pour mission de
l'affaiblir par des explications diplomatiques. Votre Excellence pourrait, à ce propos, mentionner en passant que,
parmi les puissances amies, l'Angleterre se contente de
chargés d'affaires, et quelques autres, soit par suite de
relations de famille, soit en conséquence de motifs antérieurs, ont des envoyés extraordinaires auprès de certaines
cours; mais que, dans la plupart des cas, la mission diplomatique a été réunie avec celle qu'on entretient auprès de
l'Empire allemand. En ce qui regarde spécialement la
France, on ne peut guère se dissimuler à Paris que ce
pays doit, plus que d'autres États, ménager les défiances
légitimes de l'Allemagne, et que le parti qu'on semble
avoir pris, dans ces derniers temps, de nommer de jeunes
diplomates déclassés à des consulats d'Allemagne, notamment sur le Rhin, ne pouvait pas nous échapper. Votre
Excellence voudra bien faire remarquer, à l'occasion, au
duc Decazes, que nous avons le droit de rechercher si ces
consuls se vouent exclusivement aux affaires consulaires,
ou s'ils ont l'impudence, comme, par exemple, le consul
de France à Stuttgart, de susciter des embarras à la cour
et au ministère en s'arrogeant une situation et un rôle
politiques.

» Votre Excellence dit, à la fin de son rapport, que, si
les royaumes allemands se faisaient représenter à Paris par
de véritables envoyés extraordinaires, la *situation* de l'ambassade impériale *en souffrirait beaucoup*. Cette observation n'est pas tout à fait compréhensible pour moi. L'Em-

pire allemand est trop important pour que la « situation »
de son ambassade puisse réellement souffrir de l'apparition
de quelques figurants diplomatiques *in partibus,* pouvu
que l'ambassade elle-même sache prendre la situation qui
lui convient. Il ne s'agit, pour l'ambassade de l'Empire
allemand, que d'exécuter des ordres et des instructions
ayant trait à son service, et je ne vois pas en quoi un diplomate envoyé par un petit État pourrait lui nuire à ce
point de vue. Que Votre Excellence veuille bien d'ailleurs
se rappeler que le même article de la Constitution de
l'Empire qui ne prive pas les États confédérés du droit de
légation actif et passif, a confié exclusivement la représentation de l'Empire vis-à-vis de l'étranger à Sa Majesté
l'Empereur. Au sujet du *post-scriptum* faisant suite au
rapport plusieurs fois mentionné de Votre Excellence, je
demande aujourd'hui au comte Wesdehlen de nouvelles
explications.

> » *Signé :* DE BISMARCK. »

(Pièce conservée par l'accusé comme étant sa propriété particulière.)

DÉPÊCHE N° 295

Du 30 décembre 1873

DE M. DE BISMARCK A M. D'ARNIM.

(Sûre, par courrier de cabinet.)

« Berlin, le 29 décembre 1873.

» Votre Excellence a exprimé, dans ses rapports et communications, l'opinion que les explications qui Lui ont été
offertes et présentées par le ministre des affaires étrangères.

8.

de France constituaient une satisfaction suffisante pour le
procédé blessant dont Elle a été l'objet lors du dîner officiel du président de la République, et que cet incident se
trouvait ainsi vidé d'une manière correcte.

» Votre Excellence se déclarant satisfaite de cette réparation, je ne reviendrai sur ce sujet que pour faire remarquer que l'impression a été différente ici, et que je ne
partage pas le sentiment de Votre Excellence; quant aux
autres conclusions à tirer de cet arrangement, je ne trouve
pas que les garanties que Votre Excellence croit avoir
obtenues suffisent pour assurer, dans les cercles officiels, à
l'ambassadeur de Sa Majesté les égards qui lui sont dus.
Il me semble avant tout que le duc Decazes, s'il a reçu
votre lettre du 11 décembre, doit y répondre par écrit. La
façon dont il a éludé, d'après vos indications, ce devoir de
politesse, par des explications orales, ne vous garantit pas
encore, ce me semble, dans les cercles des dignitaires
français, le traitement respectueux auquel un ambassadeur
de l'empereur d'Allemagne a droit au sein de la société
parisienne. Le peu d'efficacité de ces garanties ressort de
ce fait que, d'après le témoignage des journaux parisiens,
la dame *mal élevée* dont il s'agit continue à être reçue
dans les salons officiels. Si Votre Excellence est d'avis
qu'elle ne saurait observer, au point de vue des rapports
sociaux, une plus grande réserve que jusqu'à présent, je
lui recommande, après avoir consulté à cet égard Sa Majesté l'Empereur, de s'abstenir aussi, provisoirement, de
toute visite dans les maisons officielles françaises et de se
borner aux relations purement d'affaires, sans donner de
raison officielle ou politique pour expliquer cette réserve.
On en devinera aisément la cause si, comme j'y invite
Votre Excellence par ordre de Sa Majesté, vous demandez

au duc Decazes une réponse écrite à votre lettre du 11 décembre, dont vous m'avez envoyé copie.

» *Signé :* DE BISMARCK. »

(Pièce sur laquelle M. d'Arnim a déclaré ne pouvoir donner aucun renseignement.)

DÉPÊCHE N° 2

Du 3 janvier 1874

DE M. LE SECRÉTAIRE D'ÉTAT DE BULOW A M. D'ARNIM.

« Berlin, le 3 janvier 1874.

» La dépêche télégraphique n° 1 et le rapport n° 155 de Votre Excellence, concernant l'article du journal le *Soir* relatif aux mandements des évêques, ont été soumis à M. le chancelier de l'Empire et ont donné provisoirement lieu aux remarques suivantes de Son Altesse Sérénissime. Il a été constaté, après un examen réitéré, que les articles du Code pénal français que j'ai recommandés à l'attention de Votre Excellence dans ma dépêche télégraphique n° 72, sont d'une grande importance au point de vue de notre situation en présence des actes que se sont permis les évêques français. Abstraction faite de l'esprit de la législation française, qui ressort de l'ensemble de ces articles et de la subordination des évêques à l'État, basée sur cette législation, il suffit, pour se convaincre du fait énoncé plus haut, de considérer que toute critique du gouvernement ou d'un acte de l'autorité publique, contenue tant dans les discours des ecclésiastiques (art. 202) que dans toutes les autres instructions pastorales (art. 204 et 205), est menacée des peines les plus sévères. Il est évident que les traités conclus avec les pays étrangers doivent être rangés parmi les actes dont il s'agit et que, par conséquent, notre traité

de paix avec la France n'aurait pas dû être mis en question
et attaqué par un dignitaire ecclésiastique comme il l'a été
d'une façon tout à fait directe par l'évêque de Nancy. Il
est de même évident que les attaques sans mesure qui ont
été dirigées par les évêques d'Angers et de Nîmes contre la
personne de Sa Majesté l'Empereur et contre le gouvernement royal, devraient être classées, d'après le droit français, dans la catégorie des délits de provocation directe à
la désobéissance aux lois, si le gouvernement français
voulait montrer à cet égard la moindre dose de bonne
volonté. Les ordonnances du 17 et du 26 mai 1819 renferment, l'une à l'article 12 et l'autre à l'article 5, des
prescriptions concernant la protection due en France aux
souverains étrangers, prescriptions qui ne peuvent pas être
récusées d'une manière aussi absolue que vous le dites
dans votre dépêche télégraphique. L'enquête dont il y est
question ne doit pas faire l'objet d'une simple conversation
du représentant du souverain en question, mais bien d'une
note envoyée par lui au ministre des affaires étrangères, et
ne saurait dépendre d'une plainte formelle et judiciaire
préalable.

» Il se peut, il est vrai, que les deux ordonnances dont il
s'agit aient été modifiées par des prescriptions ultérieures.
Depuis que Votre Excellence occupe son poste actuel,
Elle a pour devoir d'étudier à fond la législation française
à ce point de vue, et je vois avec déplaisir que Votre
Excellence n'a pas encore adressé au ministère des affaires
étrangères les éclaircissements juridiques que le gouvernement impérial est en droit d'attendre d'Elle à cet égard.
Il est certain que les lois en vigueur en France offrent
aux souverains étrangers des moyens de protection contre
les attaques des citoyens français, et Votre Excellence a

tort de prétendre qu'en France, où le Concordat de Napoléon existe encore, les évêques ne sont pas subordonnés à
l'État et soumis aux lois.

» D'après l'indication donnée d'une manière positive par
le *Journal des Débats,* il est d'autant plus probable que
les ordonnances sont en vigueur qu'une grande partie de
la presse française est d'avis que le gouvernement ne saurait manquer de remédier, par les moyens légaux, au mal
dont il s'agit.

» Son Altesse Sérénissime a déclaré à ce sujet qu'Elle
regrettait que Votre Excellence n'eût pas trouvé, pendant
le temps déjà fort long qui s'est écoulé depuis le mandement de l'évêque de Nancy, l'occasion de procéder et de
provoquer à l'examen des prescriptions de la loi française,
qui pourraient servir de base à des réclamations plus précises. La connaissance des prescriptions du Code pénal,
que nous fournit à présent un journal français, eût été
pour nous de la plus grande valeur si elle nous eût été
fournie à temps par l'ambassade, dont la véritable mission
est de nous renseigner sur les affaires et les lois du pays où
elle se trouve, et cela d'autant plus que ces articles doivent indubitablement s'appliquer à l'interprétation que
l'on a tenté de donner du titre sur lequel notre possession
de l'Alsace repose. Ces informations nous eussent été d'autant plus utiles que les articles en question peuvent, sans
aucun doute, comme il a déjà été dit, s'appliquer aux opinions émises par nos propriétaires alsaciens, et que Votre
Excellence n'a pas pour devoir de s'appuyer sur des considérations générales, là où un appel à des lois existantes
et facilement applicables se trouve comme base sous notre
main. La question de l'appel comme d'abus, mentionnée
aussi dans la dépêche télégraphique de Votre Excellence,

est une des plus difficiles et des plus litigieuses du droit
ecclésiastique français, mais fournit toujours au gouvernement une arme sûre contre les actes illégaux du clergé.

» Dans tous les cas, ce moyen serait plus efficace que les
demi-mesures et les moyens occultes indiqués par le ministre français, ne fût-ce qu'en raison de l'impression politique produite. Votre Excellence annonçant, du reste,
qu'elle enverra bientôt les rapports attendus ici depuis
longtemps à ce sujet, M. le chancelier de l'Empire a
ajourné, jusqu'à l'arrivée de ces pièces, ses décisions défi-
nitives et les propositions qu'il doit faire à cet égard à
Sa Majesté. Son Altesse Sérénissime vous fait seulement
remarquer que, vu l'importance de ces mandements relativement à notre attitude vis-à-vis de la France, Elle aurait
désiré ne pas être réduite uniquement, depuis près de deux
semaines, pour la connaissance et l'appréciation de la
situation, aux articles dont cette affaire a rempli la presse
française et étrangère.

» *Signé :* DE BULOW. »

(Cette pièce a été conservée par M. d'Arnim comme étant sa propriété particulière. Elle n'a pas été publiée en français jusqu'à présent.)

RAPPORT N° 3

Du 7 janvier 1874

DE M. D'ARNIM A M. DE BISMARCK.

(Secret, par courrier de cabinet.)

« Paris, le 7 janvier 1874.

» Je regrette de ne pas avoir eu l'honneur de recevoir
plus tôt qu'avant-hier la dépêche de Votre Altesse du
30 décembre, n° 295. J'aurais reconnu plus tôt la néces-

sité de compléter mes rapports antérieurs sur l'affaire relative à madame de Rothschild.

» J'ai l'honneur de faire observer à Votre Altesse, en réponse à la dépêche ci-dessus mentionnée, que le duc Decazes a répliqué immédiatement à ma lettre privée, communiquée à Votre Excellence, par la lettre privée dont vous trouverez ci-joint copie. J'ai trouvé cette lettre chez moi, le 12 décembre, en revenant de chez M. le duc Decazes. Il avait donc répondu aussitôt à la mienne, datée il est vrai du 11, mais remise au ministère des affaires étrangères seulement le 12 au matin.

» Si je n'ai pas mentionné cette circonstance dans mes précédents rapports, je vous prie de vouloir bien considérer que j'ai agi ainsi parce que j'attachais à la lettre du ministre une importance tout à fait secondaire en comparaison des déclarations qu'il m'avait faites le 13.

» En outre, le duc m'avait prié de tenir secrète la correspondance qu'il avait échangée avec moi. J'ai voulu, du reste, soumettre ma lettre à Votre Altesse, pour lui montrer comment j'avais envisagé la chose. Il ne s'agissait pas pour moi d'obtenir une satisfaction, mais je voulais simplement tirer parti des bruits répandus dans les journaux, pour avertir, à l'entrée de l'hiver, le monde officiel que je ne tolérerais plus à l'avenir les nombreux manques d'égards, conscients ou inconscients, sur lesquels je pouvais fermer les yeux, pour divers motifs, sous le gouvernement de M. Thiers.

» Je ne pouvais demander satisfaction pour l'atteinte portée à ma dignité d'après les renseignements des journaux, parce que je savais que ces renseignements portaient d'un bout à l'autre atteinte à la vérité.

» Toute l'affaire se borne probablement à la déclaration

d'une dame réputée écervelée dans le cercle de ses connaissances.

» Il se peut qu'elle ait exprimé l'intention de se conduire
en personne mal élevée.

» Mais, en tout cas, elle n'est pas parvenue à exécuter
son dessein. On n'a pas non plus réussi à établir jusqu'à
présent ce qu'elle a dit réellement.

» Elle-même nie toute déclaration incivile, et les dames
qui savent probablement le mieux comment les choses se
sont passées, nient également d'une manière formelle avoir
la moindre connaissance des faits qui se sont produits. Le
duc Decazes aurait pu répondre à ma lettre en disant que
la nouvelle touchant madame de Rothschild était tout aussi
fausse que celle dont a été l'objet madame de la Rochefou-
cauld. Mais, comme il ne tenait évidemment pas à se
retrancher derrière des formalités, il a accepté vis-à-vis de
moi dans un entretien oral, après que je lui eus assuré
qu'il y avait quelque chose de vrai dans l'affaire, le point
de vue auquel je m'étais placé dans ma lettre, et a reconnu
que les petites impertinences qui se produisaient dans les
relations sociales devaient avoir un terme. Il l'a fait avec
un ton de solennité que je n'ai pas suffisamment fait ressortir dans mon rapport du 20 décembre. Je le rencontrai
le 13 au soir chez lord Lyons, et il me pria de lui fixer le
jour et l'heure où je pourrais le recevoir pour une communication qu'il avait à me faire au nom du maréchal de
Mac Mahon. Comme nous étions seuls dans un salon, je
l'engageai à ne pas prendre la peine de faire le lendemain
le voyage de Versailles à Paris et à me faire tout de suite
la communication dont il s'agissait.

» J'ajoutai que je la considérerais comme m'ayant été
faite chez moi.

» Il m'exprima alors les regrets du maréchal, comme j'ai eu l'honneur d'en référer le 20 courant. Il alla même un peu plus loin qu'il n'était au fond obligé de le faire, vu l'état des choses; car il aborda l'explication comme s'il était certain que l'impertinence de madame de Rothschild était prouvée, tandis qu'il est impossible de la prouver d'une manière formelle, ainsi qu'on a pu le constater et que j'ai eu l'honneur de l'indiquer précédemment.

» Le même jour, comme je l'ai appris seulement le 20 du mois dernier, le maréchal-président avait envoyé son secrétaire de cabinet, M. le comte Emmanuel d'Harcourt, chez M. et madame de Rothschild, avec mission de leur faire des reproches, et de les amener à faire les démarches nécessaires pour régulariser leur situation vis-à-vis de nous.

» Madame de Rothschild a nié le tort qu'on lui reprochait.

» En a-t-elle, oui ou non, le droit? c'est ce qu'on ne peut chercher à savoir, tous les témoins faisant défaut. Et puis, lorsqu'une dame nie, cela veut dire, dans la plupart des cas, qu'elle demande pardon. M. de Rothschild se défend de rien savoir, et, tout bien considéré, il est possible qu'en effet il ne sache rien.

» Mais en ce qui concerne le second point, à savoir la régularisation de leur situation vis-à-vis de ma personne, ils y ont aussitôt consenti.

» Depuis ces explications, M. de Rothschild a cherché plusieurs fois l'occasion de m'être présenté, et, en effet, le duc Decazes me l'a présenté chez le comte Apponyi, après quoi M. de Rothschild m'a fait une visite. N'étant allé qu'une fois dans le monde depuis le 4 décembre, je ne sais s'il est exact que M. Gustave de Rothschild ait été

reçu, comme on le dit, dans les salons officiels. J'ai eu
sous les yeux une liste des personnes qui auraient été chez
le duc Decazes; mais il s'agissait, je crois, de M. Alphonse
de Rothschild. La chose d'ailleurs n'aurait plus d'importance. Le maréchal et ses ministres n'ayant plus de motif
pour exclure M. de Rothschild, maintenant qu'il a modifié
son attitude vis-à-vis de nous, conformément aux vœux du
gouvernement.

» Votre Altesse dit dans sa dépêche : « Je ne trouve pas
» suffisantes les garanties que Votre Excellence croit avoir
» obtenues pour assurer dans les cercles officiels à l'am-
» bassadeur de Sa Majesté l'Empereur les égards auxquels
» il a droit. »

» Je prendrai la liberté de faire remarquer à Votre Altesse que je n'ai pas exprimé cette persuasion. Mon rapport à ce sujet est ainsi conçu : « L'avenir montrera jus-
» qu'à quel point le maréchal s'entend à maintenir l'ordre
» dans la société française mieux que ne le pouvait
» M. Thiers. »

» Et plus loin : « Il faudrait d'abord voir si son in-
» fluence (celle du monde officiel) est assez grande pour
» donner aux choses une forme qui réponde à des préten-
» tions légitimes, non en matière d'agrément, mais en
» matière de décence. Pour le moment, il est impossible
» de dire rien de certain à ce sujet. »

» Dans mon entretien avec le duc Decazes, dont l'occasion m'avait été fournie par de fausses rumeurs répandues
dans les grands journaux, je n'ai pas réclamé de garanties
positives.

» Mon but unique était, comme je l'ai déjà fait remarquer, de prévenir le maréchal et son gouvernement que si

l'on manquait d'égards envers moi ou envers ma femme,
de quelque manière que ce fût, là où nous avions à nous
rendre à titre officiel, nos relations sociales cesseraient
complétement.

» Le maréchal m'a fait alors répondre par son ministre
qu'il reconnaissait ma réclamation comme fondée et ferait
son possible pour en tenir compte.

» Si cette assurance se réalise, nos rapports immédiats
avec la société française n'auraient sans doute pas encore
le caractère de l'intimité, mais je serai protégé, du moins,
contre des impertinences qui visent mes fonctions officielles. Si le maréchal ne peut remplir sa promesse, la
situation, qui existe de fait depuis deux ans, serait établie
en principe, et je serais alors forcé de m'en rapporter à
l'auguste décision de Sa Majesté l'Empereur touchant les
résolutions qui devraient être prises.

» Votre Altesse dit, dans sa dépêche : « Je vous recom-
» mande, après avoir pris à ce sujet l'avis de Sa Majesté,
» de vous abstenir *provisoirement* de toute visite dans les
» maisons *officielles* françaises. » Ce rapport instruira
Votre Altesse des petites modifications survenues dans
l'état des choses depuis le 20 décembre.

» Après avoir dit, à cette occasion, au nouveau gouvernement, que je m'abstiendrais de tout commerce avec ses
membres si je ne devais pas être traité chez eux avec une
politesse suffisante, et après avoir reçu à ce point de vue
les promesses les plus solennelles, il ne serait pas conséquent de suspendre absolument mes relations sociales,
d'ailleurs presque complétement stagnantes, sans avoir
attendu l'effet des promesses en question.

» Je prie donc Votre Altesse de me faire sur ce point
de nouvelles déclarations, et il me serait en particulier

agréable de recevoir des instructions formelles sur la question de savoir si, par « maisons officielles », je dois entendre aussi celle du maréchal de Mac Mahon, et si Sa Majesté l'Empereur, notre très-gracieux souverain, a été d'avis que je pourrais décliner les invitations faites par le maréchal. Ce dernier donne, le 14 courant, une grande fête à Paris. » Je ne puis me dissimuler que l'absence de l'ambassade allemande produirait sur le monde politique une impression qui n'est peut-être pas dans les intentions de Votre Altesse. — Je vous prie donc de me donner, sur ce point en particulier, vos instructions par voie télégraphique.

» *Signé :* D'ARNIM. »

(Pièce sur laquelle M. d'Arnim a déclaré ne pouvoir donner aucun renseignement.)

DÉPÊCHE

Du 9 janvier 1874

DU PRINCE DE BISMARCK A M. D'ARNIM.

(Sûre, aux soins de M. Lindau.)

« Berlin, le 9 janvier 1874.

» J'ai l'honneur de vous envoyer, ci-joint, copie de la dépêche par laquelle j'ai attaché M. Rodolphe Lindau à l'ambassade impériale à Paris, afin que vous en preniez connaissance et en teniez compte. Les instructions données de vive voix à M. Lindau l'autorisent à fournir des nouvelles aux journaux allemands, sous le contrôle du ministère des affaires étrangères. Je prie Votre Excellence de vouloir bien, lorsqu'Elle aura des communications à envoyer de Paris aux journaux allemands, les adresser au ministère des affaires étrangères, qui les transmettra à

leur adresse, s'il y a lieu. Abstraction faite de cette autorisation extraordinaire, je prie Votre Excellence de remarquer que toutes les relations directes ou indirectes avec la
presse, qui ne sont pas le résultat d'un ordre formel du
gouvernement de Sa Majesté, sont interdites à tous les
fonctionnaires impériaux ou royaux qui se trouvent en
France, et à toutes les personnes qui sont payées temporairement par l'État pour des services officieux.

» *Signé :* DE BISMARCK. »

(Pièce ne figurant pas parmi celles qui ont occasionné les poursuites.)

DÉPÊCHE N° 19

Du 11 janvier 1874

DE M. DE BULOW A M. D'ARNIM.

(Sûre , par courrier de cabinet.)

« Berlin, le 11 janvier 1874.

» L'ambassadeur de France à Berlin n'a pas encore fait la
communication relative à la circulaire aux évêques, que vous
annonciez dans votre dépêche télégraphique du 5 courant,
mais il m'a lu cependant le document à la date du 6, pendant une courte absence de M. le chancelier de l'Empire. Il
n'a pas mentionné la date, et, en l'absence d'autres rapports
de Votre Excellence, nous ne savons pas encore à quelle
date la circulaire a été émise et si le texte qui a paru
depuis dans tous les journaux est tout à fait conforme à
l'original. Il est toutefois probable qu'il en est ainsi pour
l'ensemble. Dans ce cas, la circulaire serait un utile progrès obtenu dans le sens de la politique allemande, ayant
pour but d'empêcher, autant que possible, la fusion des
éléments confessionnels et rationnels qui nous sont hos-

tiles, c'est-à-dire la consolidation des forces gouvernementales de la France dans le sens clérical. Mais le ministère
des affaires étrangères ne peut s'empêcher de penser à
cette occasion que, si nos réclamations avaient été formulées à temps et d'une manière énergique, conformément à ce qui avait été prescrit à Votre Excellence depuis
son retour à son poste, le manifeste du gouvernement
français, obtenu à présent, aurait pu l'être depuis longtemps, d'autant plus que l'attaque de l'évêque de Nancy
renfermait beaucoup plus que toute autre une violation
flagrante et essentiellement politique des égards dus aux
traités existants et à nous-mêmes. M. le chancelier de
l'Empire a cru pouvoir admettre que la résolution du gouvernement français n'a été prise et exécutée que dans les
premiers jours de janvier, c'est-à-dire après qu'on eut demandé, par la dépêche du 31, un rapport à Votre Excellence, et que de notre côté M. de Gontaut-Biron eut été
informé ici, le même jour, de la gravité de la situation.
S'il en était autrement, on ne comprendrait pas bien pourquoi on n'a pas fait plus tôt à Votre Excellence et à l'ambassadeur en question une communication au moins confidentielle en vue de faire cesser une tension qui occupait
toute la presse depuis la publication du mandement de
Nîmes, c'est-à-dire depuis trois semaines. M. le chancelier
de l'Empire n'a pu nullement conclure de votre rapport
n° 1 du 2 courant, que la mention qui avait été faite de
l'incident ait été en rapport avec l'importance de cette
affaire et ait exercé une influence quelconque sur l'attitude
du gouvernement français.

» En ce qui concerne les communications contenues dans
le rapport de Votre Excellence touchant l'application des
lois pénales françaises et les conclusions que vous en tirez,

il eût été utile que vous eussiez transmis ces matériaux au ministère quelques mois plus tôt, par exemple, à l'occasion des actes commis par l'évêque de Nancy, d'autant plus que le recours aux moyens légaux vis-à-vis de cet évêque eût été plus facile, et que le premier devoir de l'ambassade impériale était déjà à cette occasion, comme je n'ai pas besoin de le faire remarquer, d'étudier à fond toutes les lois françaises applicables à cette affaire et d'envoyer un rapport à ce sujet.

» Je puis, du reste, m'abstenir pour le moment d'examiner plus attentivement les questions de droit qui ont été traitées dans la dépêche du 3 janvier et agitées aussi sur ces entrefaites par Votre Excellence. Mais si les évêques commettaient de nouvelles infractions aux lois ou que de nouvelles réclamations fussent nécessaires, après nos plaintes plutôt apaisées que satisfaites, il faudrait naturellement revenir sur ces questions. Je vous ferai en outre remarquer, pour plus ample information, que la commission de la justice du conseil fédéral a reconnu à l'unanimité, après examen des différentes opinions, dans un rapport très-détaillé, présenté le 19 novembre 1872 au conseil fédéral, touchant les poursuites à exercer contre le curé Léonard, d'Eppingen (Lorraine), pour outrage envers un habitant de la commune, que les deux recours judiciaires, le recours comme d'abus au pouvoir ecclésiastique et le recours aux tribunaux civils, sont distincts l'un de l'autre d'après la loi française, et que l'offensé a, par conséquent, la faculté d'en appeler au conseil d'État ou de demander aux tribunaux de punir l'ecclésiastique d'après le droit français. On peut donc admettre, d'après cela, que lorsqu'un gouvernement vient porter plainte, par la voie prescrite dans les relations internationales, au sujet d'une

9

offense faite par des ecclésiastiques français, ce gouvernement peut employer l'un ou l'autre moyen pour obtenir la
punition légale des délinquants.

» *Signé :* DE BULOW. »

(Cette pièce, qui a été conservée par M. d'Arnim comme étant sa
propriété particulière, n'a pas été publiée jusqu'ici en français.)

RAPPORT N° 192

Du 12 janvier 1874

DE M. D'ARNIM A M. DE BISMARCK.

« Paris, le 12 janvier 1874.

» Dans sa dépêche n° 291, Votre Altesse dit qu'elle ne
comprend pas très-bien en quoi la situation de l'ambassade pourrait souffrir de la présence de chefs de mission
bavarois, saxons, etc.

» J'ai voulu dire par là : si un ou plusieurs figurants
diplomatiques de ce genre étaient accrédités ici, l'étranger
n'aurait pas de l'unité de l'empire allemand l'idée qu'il en
doit avoir dans l'intérêt de cet empire. Tout ambassadeur
de l'empereur, que ce soit moi ou un autre, a la mission
de faire en sorte que cette idée soit vivace et efficace. Mais
l'accomplissement de cette tâche serait plus difficile pour
moi si des figurants diplomatiques, dont le seul but pourrait être d'affaiblir l'idée en question, résidaient dans cette
capitale.

» Je voulais dire, d'abord, que le prestige de l'empire
allemand en souffrirait. — Cette manière de m'exprimer
me parut exagérée; c'est pourquoi j'écrivis : « La situation
» de l'ambassade en souffrirait. »

» Aujourd'hui encore, je ne vois pas de meilleures expressions pour caractériser en un seul mot les difficultés

qui pourraient naître de l'éventualité indiquée. C'était le
terme le plus doux pour toute une catégorie « d'incommo-
» dités diplomatiques », tandis que Votre Altesse a restreint
les idées renfermées dans le substantif « situation » par l'ad-
jonction tacite de l'adjectif « sociale ». Du reste, les idées
que je voulais condenser ainsi sont développées ordinairement dans le premier article d'un journal.—Votre Altesse a,
je crois, analysé l'idée de « situation » de telle sorte que
j'ai encouru le soupçon d'avoir employé l'expression incri-
minée par suite de préoccupations de feuilletoniste.

» Je puis expliquer ma pensée par un exemple. Le maréchal de Mac Mahon donne, comme on sait, le 14, une
grande fête plus ou moins publique. Toutes les ambassades
et légations sont invitées de la manière la plus obligeante
à nommer les compatriotes de distinction qu'elles désirent
voir figurer parmi les hôtes du maréchal.

» J'ai refusé mon entremise aux rares Allemands qui
m'ont témoigné le désir de recevoir une invitation, parce
que je trouve que les Allemands qui n'ont pas pour cela
des motifs officiels ou sociaux ne doivent pas chercher à
être admis dans la société française aussi longtemps qu'on
sera sûr qu'ils n'y sont généralement pas les bienvenus.

» D'un autre côté, le maréchal de Mac Mahon peut
avoir les intentions les plus aimables. Mais il est hors d'état
de répondre que, dans une fête de plusieurs milliers de
personnes, il n'arrivera rien de désagréable à ses hôtes
allemands.

» Ma manière de voir est fondée, je crois, et bien que je
ne désire pas du tout m'étendre sur ce sujet, je n'en fais
pourtant mystère ni à mes compatriotes, ni aux autres
personnes qui m'interrogent.

» Le chargé d'affaires bavarois, de son côté, n'a pas fait

9.

ces réflexions, mais a répondu à l'invitation présidentielle
en annonçant plusieurs Bavarois « de distinction » . Il serait
injuste de reprocher ce fait à M. Rudhart, qui est un
homme bien pensant et très-fidèle à l'empire. Je regret-
terais fort que quelque chose en perçât dans le public. Il
a tout simplement oublié de peser mûrement les choses,
et il est probable qu'il ne sera plus question de Bavarois
« de distinction » .

» Mais si, au lieu de M. Rudhart, il y avait ici un envoyé
extraordinaire ou un chargé d'affaires qui, par suite de
relations antérieures ou de sa situation personnelle, fût en
contact plus immédiat avec certains cercles français et
autour duquel un plus grand nombre de Bavarois distin-
gués pût être disposé à se grouper, il serait bien étrange,
ce me semble, que le représentant de la Bavière ne se
laissât pas guider le moins du monde, dans l'indépendance
de son attitude, par les considérations politiques qui déter-
minent celle de l'ambassade impériale. — Le cas que je
viens de citer comme exemple rentre peut-être aussi dans
le genre du feuilleton, mais du moins il appartient déjà à
celui du feuilleton politique. Des circonstances analogues
peuvent certainement se reproduire à propos de choses
beaucoup plus sérieuses. — Sans doute il appartient à
l'empereur, et — autant qu'on lui en confère le droit — à
l'ambassadeur de Sa Majesté, de décider en dernier ressort ; mais néanmoins, pendant la période qui précède la
décision, l'ambassadeur pourrait se trouver singulièrement
gêné dans sa tâche et dans sa situation, si des envoyés bien
accrédités personnellement avaient la faculté et le droit de
traiter à côté de lui des questions politiques avec le ministre français, ne fût-ce que d'une manière académique.

» J'ajouterai simplement que les inconvénients d'une

telle éventualité seraient plus sensibles encore, si les représentants des États allemands étaient des personnes en état de correspondre non-seulement avec leurs cours, mais aussi avec d'autres capitales, avec Berlin, par exemple. Je songeais à cette possibilité en citant les noms de personnes qui pouvaient donner lieu à cette appréhension. Je suis convaincu que le duc Decazes se gardera bien de toucher à l'état de choses actuel. Cet état de choses n'aura pas, d'ailleurs, de mauvaises conséquences appréciables, aussi longtemps que M. Rudhart restera ici. Je suppose de même que M. Lefebvre n'a aucune envie de perdre, en commettant une imprudence quelconque à Munich, la perspective d'aller habiter place de Paris [1]. Mais un changement de personnes modifierait la situation.

» A ce point de vue, j'ai dû me souvenir que la légation française à Munich existe toujours, et qu'elle est dirigée par un chargé d'affaires qui est ministre plénipotentiaire. Il suffit d'ajouter, avec la connivence d'un ministère Losser, les mots : « envoyé extraordinaire », et — *le tour est fait.*

» Je crois volontiers que ce *tour*, par la réaction qu'il causerait, détruirait tout le droit de légation, actif et passif. Mais peut-être serait-il bon que l'Assemblée bavaroise rendît d'avance la chose impossible. Autrefois, l'exercice du droit de légation, de la part des États moyens, me semblait une bizarrerie assez indifférente. Ce que j'avais vu à Rome, pendant le concile, m'avait déjà appris à rectifier mon jugement, et je suis arrivé à la conviction que, dans les temps difficiles comme aux postes difficiles, ce droit est absolument inconciliable avec une représentation diplomatique bien organisée de l'Empire. Les coopé-

[1] Allusion à l'ambassade de France à Berlin, qui est située place de Paris.

rations dites favorables à l'Empire sont plus nuisibles, dans de semblables circonstances, que les coopérations hostiles.

» Le besoin d'interpréter le mot « situation » m'a conduit à exprimer mon opinion sur un sujet qu'il n'y avait aucune nécessité de traiter en ce moment, et je prie, à cet égard, Votre Altesse de vouloir bien m'excuser.

» Signé : D'ARNIM. »

(Pièce non comprise parmi les documents qui ont occasionné les poursuites.)

RAPPORT N° 8

Du 13 janvier 1874

DE M. D'ARNIM A M. DE BISMARCK.

(Par courrier de cabinet.)

« Berlin, le 13 janvier 1874.

» Le ministère, après être resté en minorité vendredi dernier et avoir donné sa démission, — non acceptée par le maréchal, — a obtenu hier un vote de confiance avec cinquante voix de majorité environ. Le vote de vendredi a été, comme on l'a dit avec raison, une surprise, mais une surprise prévue.

» La fraction légitimiste de la majorité conservatrice de la Chambre boude le ministère, parce qu'il a renoncé incontestablement à la restauration du comte de Chambord. Cette même fraction et les bonapartistes nourrissent de vives défiances à l'égard du duc de Broglie, parce que ce dernier est soupçonné de s'intéresser au duc d'Aumale plus qu'il ne semble convenable d'après les dispositions fixant à sept ans la durée du provisoire actuel. Mais le duc de Broglie est antipathique à tous les partis, sans excepter le centre droit, ce qui provient plutôt d'une question de formes que d'autres divergences d'opinion plus profondes.

» L'impopularité du duc de Broglie est en réalité ce qui explique comment la surprise de vendredi dernier a pu être prise plus au sérieux qu'il n'eût été nécessaire dans d'autres conditions. Le maréchal n'a pas hésité un seul instant à prendre la résolution de ne pas accepter la démission du ministère. Plusieurs de ses ministres, notamment celui des finances, M. Magne, lui ont conseillé pour cette raison, en termes pressants, de ne pas s'identifier avec le cabinet. On lui a dit que Charles X était tombé parce qu'il avait voulu garder Polignac, Louis-Philippe, parce qu'il avait répondu de M. Guizot.

» On pourrait objecter que ces deux souverains sont tombés parce qu'ils ont renoncé trop tôt à lutter contre le courant hostile, ou n'avaient pas suffisamment préparé leur résistance.

» Il n'est pas non plus correct d'appliquer les procédés constitutionnels à la situation actuelle de la France.

» Le système gouvernemental du moment est, il est vrai, à proprement parler, un système parlementaire, puisque le Parlement gouverne lui-même; mais la condition première de tout gouvernement parlementaire manque, — à savoir une majorité compacte et ne reposant pas seulement sur des combinaisons accidentelles.

» Le maréchal de Mac Mahon a donc tout à fait raison de refuser de se régler sur des exemples qui semblent ne présenter qu'une analogie superficielle avec le cas dont il s'agit.

» Mais a-t-il raison de garder le *duc de Broglie?* c'est là une autre question. L'impopularité, en soi, n'est pas un défaut. La situation exceptionnelle du pays facilite même la tâche d'un ministère impopulaire. Quiconque n'a pas d'amis est obligé à moins de ménagements. Mais être sans amis et vouloir gouverner parlementairement, cela n'est possible qu'aux hommes tout à fait extraordinaires, — surtout ici, où l'esprit de parti dégénère peut-être plus qu'ailleurs en esprit de coterie.

» Je doute donc fort que le duc de Broglie soit en mesure de résoudre le problème, et de s'y prendre de façon à gouverner comme un dictateur et à satisfaire en même temps tous les intérêts de la camaraderie, sans blesser ceux dont il faut acheter le concours, bien qu'on ne veuille pas les payer. Je crois, jusqu'à nouvel ordre, que le duc de Broglie ne résoudra pas ce problème, et je trouve par conséquent que le maréchal a été mal inspiré en ne le jetant pas par-dessus bord pour alléger sa barque.

» On est généralement pénétré de ces difficultés, au sein du ministère comme en dehors. Le duc Decazes se flatte de les tourner en demandant que le ministère se place, « sans arrière-pensée, sur le terrain du septennat ». Autrement dit : le ministère doit déclarer que le maréchal, — s'il vit assez longtemps, — restera pendant le laps de temps fixé à la tête du gouvernement, et que tous les efforts faits en faveur de la monarchie ou de la république définitive seront comprimés jusqu'en 1881. Si le ministère fait une telle déclaration et gouverne d'après ce programme, le duc Decazes pense que tous les éléments conservateurs de la nation, — et en particulier le centre gauche, — se grouperont autour du cabinet et assureront au pays la paix et la tranquillité.

» M. Raoul Duval, qui a attaqué hier le ministère avec

passion au point de vue purement conservateur, trouve au contraire que ce cabinet est engagé trop avant dans la coterie pour garantir au pays un gouvernement impartial. Il lui reproche en outre de n'avoir rien fait pour la cause conservatrice et d'avoir mal gouverné. Toutes les mesures du gouvernement sont insuffisantes, selon lui, parce qu'elles sont timides. Un ministère d'affaires répondrait, selon M. Raoul Duval, à la situation.

» D'après l'opinion du duc Decazes, l'Assemblée doit gouverner à l'aide d'un ministère qui soit agréable *à tous les partis,* et qui néanmoins ne fasse la volonté d'*aucun parti*.

» D'après M. Raoul Duval, il faudrait que le pays fût gouverné sous le contrôle de cette Assemblée complétement dissoute en partis, par un ministère qui appartînt *à tous les partis,* et qui fît la volonté de *tous*, en exceptant, cela va sans dire, les républicains « de la veille ».

» L'une et l'autre combinaison portent l'empreinte d'une logique véreuse. Ce ne serait rien encore; mais elles sont en contradiction avec l'intensité des besoins pratiques. Elles ne sont pas nées viables.

» Tout pousse de nouveau à une dictature. La situation politique est parfaitement mûre pour un coup d'État. Mais, selon toute apparence, les personnalités capables de l'exécuter font absolument défaut. De même, l'instrument dont on a coutume de se servir pour les actes de ce genre n'y est pas préparé; car le maréchal de Mac Mahon, qui pourrait, sans éprouver de résistance, mettre fin à l'impuissante Assemblée de Versailles, s'est trop souvent proclamé son délégué pour pouvoir se déclarer contre elle.

» La situation de la France est aussi malheureuse que possible. Elle deviendra nécessairement encore beaucoup

plus aiguë avant que personne soit en état de réunir les
parties existantes, mais éparses de la machine, pour en
faire un appareil susceptible de fonctionner.

» Signé : D'ARNIM. »

(Pièce sur laquelle M. d'Arnim a déclaré ne pouvoir donner aucun
renseignement.)

RAPPORT N° 9

Du 13 janvier 1874

DE M. D'ARNIM A M. DE BISMARCK.

(Par courrier de cabinet.)

« Paris, le 13 janvier 1874.

» Ni la question de l'*Orénoque*, ni les désagréments qui
se sont produits lors des funérailles du colonel Delahaye,
n'ont donné lieu à des réclamations de la part du cabinet
italien.

» En ce qui concerne particulièrement la seconde affaire,
il n'y a pas de reproches à adresser à l'ambassadeur de
France. Du moment qu'il est à Rome pour faire plaisir au
pape, il ne pouvait guère recevoir le prince Humbert dans
l'église française. Mais, comme son gouvernement veut
traiter le gouvernement italien avec les plus grands égards,
il ne pouvait pas non plus ne pas recevoir le prince. Il ne
lui restait donc d'autre ressource que de tourner la difficulté en transférant ailleurs la cérémonie.

» Il ressort d'autant plus clairement de tout ceci que la
situation dans laquelle la France se trouve à Rome ne
saurait durer. Mais on n'a pas précisément besoin de
pencher vers une politique perfide pour penser qu'il est
inutile de faire remarquer aux Français combien leur

intérêt leur conseille de simplifier leur situation à Rome.
Je suis de plus en plus frappé de voir avec quelle passion
la presse allemande s'élève contre un état de choses que
le gouvernement italien paraît supporter avec une calme
résignation. Pour le moment, il serait plus conforme à
notre but de n'exercer aucune pression sur la France en
cette matière. Le gouvernement français se fait un point
d'honneur de continuer, dans les mêmes conditions, le pro-
tectorat qu'il exerce sur la personne du pape. Il ne
cédera pas à une réclamation exclusivement italienne.
Mais peut-être ne lui serait-il pas désagréable de pouvoir
se retirer sous la pression de l'opinion européenne et
devant la probabilité d'une complication générale.

» M. Thiers, qui m'a fait une visite avant-hier, a de nouveau exprimé la crainte que le gouvernement actuel, malgré le « bon sens » incontestable du duc Decazes, ne se
trouvât entraîné dans de sérieux désagréments avec l'Italie.
Sa clairvoyance patriotique lui montre où est le danger.
Mais le gouvernement actuel voit aussi ce péril, et, quand
il approche du « piége », la presse libérale d'Allemagne et
d'Angleterre prend soin de lui crier gare assez à temps.

» Le marquis de Noailles, comme le duc Decazes me l'a
fait savoir, a sollicité la permission de ne quitter Washington qu'en avril, parce que la marquise redoute la traversée.

» Si ce délai ne pouvait lui être accordé, il partirait
immédiatement, mais serait obligé, aussitôt après son
arrivée à Rome, d'aller pour huit semaines en congé.

» Le ministre m'a dit qu'il lui était impossible d'acquies-
cer au désir du marquis de Noailles, et que ce diplomate
devait se rendre à son poste sans retard.

» Je n'approfondis pas la question de savoir si l'antipathie de la marquise pour la traversée est l'unique motif du délai demandé par le nouvel envoyé extraordinaire.

» La réponse du ministre à l'interpellation Du Temple nous éclairera sur ce point.

» A ce propos, je ferai remarquer que Jules Favre a été, il y a quelques jours, chez le duc Decazes, pour se renseigner sur l'attitude du ministère en présence de l'interpellation Du Temple. Le duc lui a communiqué le sens de la réponse qu'il compte faire, sur quoi Jules Favre lui a promis son appui et celui de ses amis.

» Signé : D'ARNIM. »

(Pièce sur laquelle M. d'Arnim a déclaré ne pouvoir donner aucun renseignement.)

DÉPÊCHE N° 26

Du 18 janvier 1874

DE M. DE BISMARCK A M. D'ARNIM.

(Par courrier de cabinet.)

« Berlin, le 18 janvier 1874.

» Dans son obligeant rapport n° 9 du 13 courant, Votre Excellence s'occupe des relations de la France avec l'Italie, et observe, qu'il n'est pas pratique de faire remarquer au gouvernement français les dangers de sa situation équivoque vis-à-vis du pape et du gouvernement italien. Vous ne pensez pas qu'une pression doive être exercée sur la France dans cette affaire, pression qui peut-être, « en tant » qu'européenne », ne serait pas désagréable au gouvernement français, parce qu'elle lui aiderait à sortir de la situation difficile dans laquelle il se trouve à Rome.

» Je laisse de côté la question de savoir si cette dernière

supposition est juste ; mais, pour nous, c'est là une considération indifférente, attendu que notre intention n'est pas
d'exercer une semblable pression sur la France. Votre
Excellence reproche, en outre, à la presse libérale d'Allemagne et d'Angleterre d'avertir toujours à temps le gouvernement français, chaque fois qu'il s'approche du « piége »
italien. Cette critique n'est pas moins en dehors du cercle
de nos intentions politiques. Nous ne souhaitons nullement
un conflit entre l'Italie et la France, parce que, s'il écla-
tait, nous ne pourrions nous soustraire à la nécessité de
soutenir l'Italie.

> » *Signé :* DE BISMARCK. »

(Pièce sur laquelle M. d'Arnim a déclaré ne pouvoir donner aucun
renseignement.)

DÉPÊCHE N° 33

Du 21 janvier 1874

DE M. DE BISMARCK A M. D'ARNIM.

(Par courrier de cabinet.)

« Berlin, le 21 janvier 1874.

» Le rapport n° 6, du 12 courant, où Votre Excellence
revient sur l'exercice du droit de légation par les États
moyens allemands m'a surpris, et, vu l'état des choses,
devait me surprendre. Votre Excellence avait exprimé
dans son rapport n° 151, du 18 décembre, le besoin de
recevoir des instructions sur le point de savoir si elle devait
agir contre les velléités du gouvernement français concernant le rétablissement de légations auprès des cours allemandes. J'ai exprimé d'un bout à l'autre de ma réponse
l'étonnement que j'éprouvais à voir que, dans une question
sur laquelle personne en Allemagne n'a de doutes, vous

aviez besoin d'instructions, et que vous n'étiez point pénétré par vous-même de l'impossibilité de donner une autre
réponse que celle qui, après sept années de politique
allemande et eu égard à la constitution de la Confédération de l'Allemagne du Nord et de l'Empire allemand,
s'offre spontanément à l'esprit de tout Allemand ami de
l'empire, à savoir que toute accentuation notable du droit
actif et passif de légation des différentes cours allemandes
nous est désagréable au plus haut point, quoique admissible d'après la Constitution.

» Ni Sa Majesté l'Empereur, à la très-haute appréciation
duquel j'ai soumis votre rapport, ni moi, nous ne pouvons
comprendre comment Votre Excellence a pu répondre à
ma dépêche en question par l'exposé détaillé des considérations politiques qui sont communes en Allemagne, depuis des années, à tout électeur ami de l'empire, et qui justifieraient à elles seules mon étonnement au sujet de votre
besoin d'instructions. Votre Excellence n'aurait pas entrepris cette démonstration si elle suivait la marche des affaires politiques de sa patrie avec le soin qui, selon moi,
est indispensable pour nous représenter d'une manière
efficace à l'étranger. Elle aurait lu la dépêche du 23 décembre de l'année dernière avec l'intelligence du texte qui
devait résulter d'une connaissance exacte de la politique
intérieure de l'Allemagne. Votre Excellence aurait senti
alors que les idées analysées par elle sont devenues depuis
des années pour toute l'Allemagne, sans en exclure le ministère des affaires étrangères, un bien politique commun,
et ne peuvent plus faire l'objet d'un exposé de la part
d'un représentant de l'empire vis-à-vis du ministère des
affaires étrangères.

» Le malentendu sous l'influence duquel Votre Excel-

lence a écrit son rapport du 12 courant, n'a probablement
été provoqué que par la cause suivante : Votre Excellence,
en traitant cette question dans son rapport du 18 décembre
de l'année dernière, confondait les intérêts de l'ambassade
de Paris avec ceux de l'empire allemand, et semblait
placer la « situation de l'ambassade » en première ligne
dans un sens qu'elle qualifiait elle-même de « feuilletones-
» que » . Si Votre Excellence avait de prime abord insisté
sur les intérêts et le prestige de l'empire, comme Elle en
avait l'intention d'après son rapport du 12 courant, j'aurais été dispensé de la peine de revenir sur cette question et de mettre en lumière les idées dont il s'agissait en
l'espèce. Je ne puis m'empêcher de faire remarquer, à ce
  ropos, que le temps et les forces me manquent pour
donner suite à des correspondances politiques comme celles
auxquelles la façon dont sont rédigés les rapports de Votre
Excellence m'oblige depuis un an et plus. Si mes relations
épistolaires avec les autres ambassadeurs de Sa Majesté
dégénéraient en de pareilles controverses, ma situation ou
celle des ambassadeurs serait déjà devenue insoutenable.
Si je veux rester en état de continuer à diriger les affaires
que Sa Majesté m'a confiées, je dois exiger de tous les
agents de l'empire à l'étranger, même des plus haut placés, une plus grande obéissance à mes instructions et
moins d'initiative, d'indépendance et de fécondité, quant
aux idées politiques personnelles, que Votre Excellence
n'en montre jusqu'à présent dans ses rapports et dans sa
conduite officielle.

» Signé : DE BISMARCK. »

(Pièce conservée par M. d'Arnim comme étant sa propriété particulière.)

DÉPÊCHE N° 39
Du 23 janvier 1874
DE M. DE BISMARCK A M. D'ARNIM.

« Berlin, le 23 janvier 1874.

» Avant le départ de ma dépêche n° 26, j'ai eu connaissance de l'article du *Journal de Paris* dont vous trouverez ci-joint la copie, et dont le contenu offre des traits de ressemblance avec l'opinion exprimée par Votre Excellence, dans son rapport du 13 courant, sur l'intérêt que nous pourrions prendre à un conflit entre la France et l'Italie. Je vois par là que des opinions erronées sur nos intentions s'accréditent aussi ailleurs et ont d'autant plus besoin d'être rectifiées. Je suis convaincu, il est vrai, que nous ne pourrions pas laisser l'Italie sans secours, si elle était attaquée par la France sans motif, ou pour des motifs qui toucheraient aussi à nos intérêts. On peut ne pas être du même avis sur la question de savoir si une telle marche de la politique européenne serait heureuse pour nous ou non. Mais il y a, même pour celui qui se prononce pour l'affirmative, une grande distance entre cette façon de voir et une politique active, se proposant réellement d'amener ce résultat. Je suis surpris de voir dans le rapport n° 9 de Votre Excellence, du 13 courant, votre opinion sur l'avenir exprimée, moins comme une combinaison sur ce qui pourrait être nuisible ou utile, que comme une indication relative à un but déterminé de notre politique. Comme cette opinion paraît se faire jour aussi dans la presse, il n'en sera que plus intéressant pour moi d'être renseigné par Votre Excellence sur l'origine de sa supposition.

» *Signé :* DE BISMARCK. »

(Pièce sur laquelle M. d'Arnim a déclaré ne pouvoir donner aucun renseignement.)

RAPPORT

Du 24 février 1874

ADRESSÉ DIRECTEMENT A L'EMPEREUR D'ALLEMAGNE
PAR LE COMTE D'ARNIM.   ..

« Paris, le 24 février 1874.

» SIRE ,

» A mon retour à Paris, j'ai trouvé une dépêche du
chancelier de Votre Majesté que j'ai soin de joindre au
présent rapport, ne sachant pas si elle a été portée à la
connaissance de Votre Majesté Impériale.

» Le prince de Bismarck m'informe dans cette dépêche
que Votre Majesté Impériale n'a pas compris comment,
dans mon rapport n° 6 du 12 janvier, j'ai pu faire un exposé détaillé de faits politiques qui sont connus depuis des
années de tout électeur ami de l'Empire.

» Je suis, par là, forcé de croire que mes rapports ont
fait la même impression défavorable à Votre Majesté Impériale qu'au prince de Bismarck. J'ose donc supplier Votre
Majesté de daigner écouter les explications que je me crois
obligé de donner. Je prends d'abord la liberté de faire
remarquer à Votre Majesté que, dans mon rapport n° 181
du 18 décembre 1873, je n'avais nullement parlé de l'intention que le gouvernement français pouvait avoir d'accréditer des ministres auprès des cours royales d'Allemagne,
mais des velléités que pouvaient avoir les cours allemandes
de recevoir des envoyés français ou d'accréditer des envoyés à Paris. Je ne savais pas au juste si le chancelier désirait qu'une pareille éventualité fût prévenue par une conversation avec le ministre français, ou bien s'il jugeait plus
opportun d'empêcher la réalisation de pareilles idées par
des démarches auprès des gouvernements allemands. Cette

10

question n'était pas tout à fait superflue ; car, ainsi que le
reconnaît le chancelier de l'empire dans sa dépêche du
23 décembre, ce sujet doit, dans tous les cas, être traité
avec une certaine prudence.

» Je n'ai pu trouver, d'ailleurs, dans la dépêche du
23 décembre, l'expression de l'étonnement qui aurait été
causé par le besoin que je manifestais de recevoir des
instructions. En revanche, j'ai trouvé dans cette dépêche
une explication qui, se rattachant à une expression em-
ployée par moi, à mon avis non sujette à un malentendu,
et cependant mal comprise, devait me faire craindre que
le chancelier ne trouvât pas chez moi la connaissance
nécessaire des considérations politiques qui, ainsi que le
prince de Bismarck le dit à deux reprises, sont communes
à tout électeur ami de l'Empire. J'ai donc été obligé de
déclarer, dans ma réponse à la dépêche du 23 décembre,
qu'on avait trop mal jugé de ma connaissance des affaires
de l'Allemagne.

» Que Votre Majesté daigne me pardonner d'avoir osé
L'entretenir de cet incident .Je crois que ce serait manquer
de respect envers Votre Majesté que de ne pas faire ce qui
est en mon pouvoir pour effacer chez Elle la mauvaise
impression que mes rapports lui ont faite.

» Le prince de Bismarck dit, à la fin de sa dépêche,
qu'il est forcé de demander aux agents de l'Empire une
plus grande subordination à ses instructions que celle qui
est, jusqu'à présent, la base de mes rapports et de mon
attitude officielle. Vu que j'ignore comment le prince de
Bismarck en est arrivé à s'exprimer de cette façon, le sens
de cette phrase n'est pas bien clair pour moi ; je présume
qu'il y a un malentendu qui disparaîtrait devant un examen plus approfondi. Mais, à la prendre au pied de la

lettre, cette phrase renferme une accusation grave contre moi. Le prince de Bismarck donne ses instructions sur un ordre exprès ou implicite de Votre Majesté. Un manque de subordination à ses instructions équivaudrait donc à un acte de désobéissance aux ordres de Votre Majesté. Je puis à peine croire que le prince de Bismarck ait voulu dire cela. Je ne saurais non plus laisser s'élever en moi la crainte que Votre Majesté elle-même me fasse le reproche que le prince de Bismarck semble formuler contre moi. Mais la situation dans laquelle je me trouve est des plus pénibles. Je supplie donc Votre Majesté de daigner, dans sa haute clémence, m'éclairer à ce sujet.

» *Signé :* ARNIM. »

(Pièce ne figurant pas parmi celles qui ont occasionné les poursuites.)

DÉPÊCHE

Du 24 février 1874

DU PRINCE DE BISMARCK AU COMTE D'ARNIM.

« Berlin, le 24 février 1874.

» J'ai l'honneur de faire savoir provisoirement à Votre Excellence que Sa Majesté l'Empereur a résolu, à la date du 22 courant, de rappeler Votre Excellence du poste d'ambassadeur à Paris. En portant à votre connaissance l'intention de Sa Majesté, je me réserve de faire parvenir à Votre Excellence l'ordre relatif à cette décision, aussitôt que Sa Majesté l'aura signé. Je m'en réfère à une lettre confidentielle de ce jour en ce qui concerne les intentions de Sa Majesté touchant votre nomination à un autre poste.

» *Signé :* DE BISMARCK. »

(Pièce ne figurant pas parmi celles qui ont occasionné les poursuites.)

DÉPÊCHE

Du 24 février 1874

DU PRINCE DE BISMARCK AU COMTE D'ARNIM.

(Confidentielle.)

« Berlin, le 24 février 1874.

» En me référant à ma dépêche officielle de ce jour, je m'empresse de faire savoir à Votre Excellence que Sa Majesté l'Empereur a l'intention de vous confier le poste d'ambassadeur qui doit être créé à Constantinople.

» Sa Majesté a accédé, comme vous le savez, il y a quelques semaines, aux désirs du sultan, qui voulait élever au rang d'ambassade la légation entretenue par lui à Berlin. Le nouvel ambassadeur ottoman est déjà nommé, dit-on, et je pense qu'Aristarchi-Bey reviendra ici en cette qualité dans quelques jours. La nomination de Votre Excellence au poste d'ambassadeur près la Sublime-Porte pourra alors avoir lieu immédiatement. Sa Majesté a acquiescé au désir que vous avez exprimé d'obtenir d'abord un congé pour rétablir votre santé, et j'attends vos propositions touchant l'époque où vous désirez que ce congé ait lieu.

» *Signé :* DE BISMARCK. »

(Pièce ne figurant pas parmi celles qui ont occasionné les poursuites.)

DÉPÊCHE Nº 74

Du 4 mars 1874

DU COMTE DE BULOW AU COMTE D'ARNIM.

« Berlin, le 4 mars 1874.

» La lettre directe adressée par vous à Sa Majesté le Roi, à la date du 24 février 1874, et parvenue ici le

1ᵉʳ mars, a été, le 3 courant, remise avec son annexe à
Sa Majesté par le chancelier de l'Empire, qui y a joint un
rapport, sous forme d'avis. Le Roi nous a renvoyé cette
lettre avec plusieurs annotations en marge. Par ordre de
M. le chancelier de l'Empire, en ayant l'honneur de transmettre à Votre Excellence les copies des deux pièces, je
ne manque pas de lui envoyer également très-respectueusement la susdite annexe. La copie que vous aviez jointe
à l'envoi était inexacte et a nécessité plusieurs rectifications qui ont fourni à M. le chancelier de l'Empire l'occasion de remarquer que ces inexactitudes, sans altérer essentiellement le sens de cette dépêche, ne laissent pas (vu
surtout qu'il s'agissait d'une pièce à soumettre à Sa
Majesté) de jeter un jour peu favorable sur le degré de
confiance que méritent les actes émanant de la chancellerie de l'ambassade et sur la surveillance qui préside à
leur confection.

» Le secrétaire d'État au département des
affaires étrangères :
» *Signé :* von Bulow. »

DÉPÊCHE

Du 20 mars 1874

DE M. DE BULOW AU COMTE D'ARNIM.

« Berlin, le 20 mars 1874.

» J'ai l'honneur d'annoncer à Votre Excellence, pour
faire suite à la dépêche confidentielle du 24 du mois dernier, que Sa Majesté l'Empereur et Roi, en conséquence
de l'élévation de la légation de Turquie au rang d'ambassade, et de la nomination, à présent officielle, d'Aristarchi-
Bey au poste d'ambassadeur, a daigné, par ordonnance du

19 courant, rappeler M. d'Eichmann du poste d'envoyé extraordinaire à Constantinople, en se réservant de lui confier d'autres fonctions, et nommer Votre Excellence ambassadeur près la Sublime-Porte. En réponse à la communication confidentielle qui lui a été faite de cette intention, Sa Majesté le Sultan a fait exprimer ici ses remercîments touchant l'empressement avec lequel on a répondu à ses propositions, et touchant la satisfaction particulière que lui cause la nomination de Votre Excellence.

    » Pour le chancelier de l'Empire :

        » *Signé :* DE BULOW. »

RÉVÉLATIONS DIPLOMATIQUES

Publiées dans la Presse *de Vienne, du 2 avril* 1874.

(Correspondance particulière de la *Presse.*)

« Florence, le 27 mars.

    » Je lis, dans des journaux allemands et autrichiens, que les motifs de la brouille entre le prince de Bismarck et le comte d'Arnim sont inconnus. Il y a lieu de s'en étonner; car un motif certain, au moins, a été révélé au public et a été commenté par la presse. Il s'agit du fait suivant : le chancelier de l'Empire a désiré publier les dépêches du comte d'Arnim sur le concile, pour défendre sa politique ecclésiastique, et le comte d'Arnim a obtenu de l'Empereur un ordre défendant cette publication. Il est probable que le comte d'Arnim, homme prudent, n'a pas voulu brûler ou faire brûler par un autre ses vaisseaux.

    » Si les communications officielles du comte d'Arnim restent dans les archives, plusieurs de ses correspondances privées sont entre les mains de diverses personnes, et moi-même je possède la copie de deux documents remarquables

sortis de sa plume. Si le noble comte avait intérét à savoir
comment je suis arrivé à posséder ces papiers, je le prie-
rais de se souvenir des conférences qui ont eu lieu en 1870
dans le triangle entre la *via Condotti,* la *via delle Conver-
tite* et la *Ripetta,* à l'heure du crépuscule. Peut-étre aussi
dirigera-t-il sa promenade en esprit du côté des thermes de
Dioclétien, et il comprendra alors que *scripta manent.*

» Voici le premier de ces documents :

« Rome, 8 janvier 1870.

» Je profite aujourd'hui du départ d'un courrier pour
» vous écrire quelques mots conformément à la permission
» que vous m'avez accordée de la façon la plus gracieuse.

» Vous avez tant de sources d'information sur ce qui se
» passe au concile et à côté du concile, que je ne puis vous
» dire rien de nouveau à ce sujet. Vous savez notamment
» que les évêques de Paderborn et de Ratisbonne sont les
» promoteurs principaux d'une manifestation qui demande
» la définition de l'infaillibilité et qui a recueilli cinq cents
» signatures.

» A cette manifestation, on oppose deux pétitions du
» groupe hongrois-allemand. L'une de ces pétitions, qui
» n'est couverte que de vingt-cinq signatures, est une pro-
» testation au point de vue juridique en général. L'autre,
» qui a recueilli quarante signatures, proteste contre les
» conditions acoustiques de la salle, qui empêchent toute
» discussion : elle demande, en outre, la permission, qui
» a été refusée jusqu'ici, de prendre connaissance des
» comptes rendus sténographiques et de faire imprimer
» sans aucune censure les traités des évêques sur les ques-
» tions soumises au concile, afin qu'on puisse les commu-
» niquer aux membres de l'assemblée. Vous le voyez, on

» est modeste, et l'organisation est aussi défectueuse que
» le courage.

    » Pour ce qui est de la définition de l'infaillibilité et du
» résultat pratique de l'adresse Martin-Fenestrey, je ne suis
» pas tout à fait convaincu que le Vatican soit réellement
» décidé à entreprendre cette définition. Il est possible, au
» contraire, que l'on se contente de la démonstration des
» Cinq-Cents et que l'on donne un exemple méritoire de
» grande modération. Mais, selon moi, l'on ne gagnerait
» rien à cette modération. Car, si l'on évite ainsi de trop
» demander aux consciences, la curie romaine n'en com-
» mettra que plus sûrement un certain nombre d'usurpa-
» tions dont la validité juridique sera assurée pour l'avenir,
» à l'aide desquelles le Pape empiétera de nouveau sur les
» droits de l'Église, et qui finalement amèneront la pro-
» clamation de l'infaillibilité, dogme dont la justesse ne
» paraît point contestable au Vatican.

    » Voilà quel sera l'effet de la tactique peu pratique, à ce
» qu'il me semble, des adversaires de la définition du
» dogme. Il fallait avant tout contester la valeur légale de
» la composition actuelle du concile, de l'organisation et
» de l'ordre des travaux que la curie a imposés à l'assem-
» blée. Si l'on avait commencé par déchirer le filet que le
» Vatican et les jésuites ont jeté sur les têtes sages mais
» timides des Pères, l'infaillibilité aurait glissé d'elle-
» même par les mailles. Maintenant, la curie pourra lais-
» ser l'infaillibilité de côté jusqu'à nouvel ordre; le filet
» reste intact, dût-on même le rendre un peu plus élas-
» tique aux endroits où il pèse de son poids le plus lourd.
» Au fond, pourquoi la curie aurait-elle besoin de l'infail-
» libilité, s'il lui est permis de convoquer en tout temps un
» concile semblable au premier concile assemblé au Vati-

» can, et si elle a le pouvoir de lui prescrire ce qu'il dira
» et comment il le dira?

» Parmi les Pères, il s'en trouve bien quelques-uns qui
» ont compris qu'ils sont les prisonniers du Pape depuis le
» jour où, d'un pas mal assuré, ils se sont engagés sur le
» terrain juridique où on les a attirés. Mais, en général, le
» courant dans lequel on s'est laissé entraîner à diverses
» reprises par l'imagination, depuis vingt ans, est devenu
» trop puissant. Ces dispositions enthousiastes furent un
» peu troublées, il est vrai, lorsque le concile devint une
» affaire sérieuse et que l'on commença à se demander ce
» que les populations catholiques penseraient des choses
» qui se préparaient à Rome et qu'on serait chargé de rap-
» porter écrites et imprimées dans sa patrie. Ce sont ces
» réflexions qui ont amené l'assemblée de Fulda et la
» quasi-opposition des évêques allemands.

» Toutefois, plus on reste éloigné de sa patrie, et plus
» on reste exposé aux influences de l'esprit de Rome, plus
» le souvenir de Fulda s'efface de la mémoire. « Ils sont
» tous excellents, dit-on ici; mais ils ont perdu les grandes
» idées de l'Église : il leur faut deux mois de Rome et tout
» le monde sera d'accord. »

» Cela est vrai jusqu'à un certain point. Mais le monde
» catholique, en Allemagne, est jusqu'à un certain point
» responsable de ce rapprochement graduel qui se fait
» vers les « grandes conceptions »; car il ne donne pas
» pas signe de vie, et, par son attitude, il ne prête pas un
» appui suffisant aux Pères du concile, ou, si l'on veut,
» il ne les gêne pas assez. Il me paraît donc qu'il importe
» au plus haut degré de rendre l'opinion publique atten-
» tive à la situation, d'organiser une manifestation qui
» étende ses effets jusqu'à Rome, et qui se base surtout

» sur ce fait que le monde catholique, en Allemagne, ne
» peut se résigner en aucune façon à se laisser faire la loi
» par cinq cents Italiens, parmi lesquels trois cents sont
» les pensionnaires et les commensaux du Pape. Si l'on se
» plaçait à ce point de vue, l'on réveillerait aussi l'intérêt
» pour la vie religieuse là où elle s'éteint dans l'indiffé-
» rence, et l'on trouverait des points d'appui là où on ne
» les cherche point. Il est vrai que l'Église doit être élevée
» *au-dessus* des distinctions de nation. Mais cette thèse gé-
» nérale ne pourra jamais être appliquée dans la pratique
» de telle façon que, sous prétexte de catholicité, l'on en-
» ferme l'esprit de toutes les nations dans des formules ex-
» clusivement romaines et italiennes.

    » Je vous soumets à la hâte ces considérations parce que
» personne n'est comme vous en état de les utiliser.

        » Votre bien dévoué,

                    » ARNIM. »

    Voici le second document. C'est une lettre adressée à
l'évêque de..., qui avait donné sa parole de donner sa démission, et de ne pas se soumettre :

                            « Rome, le 17 juin 1870.

    » J'ai l'honneur de vous envoyer un mémoire qui résume
» ma pensée sur la situation et mes craintes pour l'avenir.
» Sans vous conseiller de passer à l'Église évangélique, je
» vous rappelle cependant la réponse que les protestants
» firent à Augsbourg, lorsqu'on les invita à prendre part à
« la procession du *Corpus Domini* par politesse envers
» Charles-Quint : « Nous ne sommes pas venus pour ado-
» rer, mais pour mettre fin à des abus. »

        » Agréez, etc. »

MÉMOIRE.

« Rome, le 17 juin 1870.

» Le jour où l'infaillibilité sera proclamée avec l'assentiment ou la soumission tacite de l'épiscopat, les gouvernements, représentants des intérêts politiques et nationaux modernes, se trouveront dans un état de surexcitation vis-à-vis de l'Église; non pas que la proclamation du dogme doive amener immédiatement une situation plus intolérable que les agissements de Rome pendant ces trente dernières années, mais parce que l'histoire du concile du Vatican aura fourni la preuve qu'il existe à Rome une puissance qui, se mettant de propos délibéré en opposition avec les conquêtes de l'humanité, déclare la guerre à l'organisation politique du monde moderne, et parce que nos évêques sont dans une telle dépendance vis-à-vis du pouvoir central de Rome, qu'au dernier moment ils accepteront comme une vérité révélée, en dépit des protestations de leur conscience, un système avec lequel les puissances temporelles ne pourront jamais se réconcilier.

» Que l'on ne s'y trompe point!

» La situation qu'amènera cet acte de renoncement des évêques, et surtout des évêques allemands, ce n'est point la séparation de l'Église et de l'État, mais la guerre entre l'Église et l'État. Cette guerre, — et ce n'est point là une pure hypothèse, — sera soutenue avec la plus grande énergie, là où on s'était efforcé le plus de conserver la paix dans l'intérêt de la civilisation chrétienne.

» On y partira de ce principe que l'Église catholique, avec laquelle on a conclu des traités et des stipulations, n'est plus identique avec l'Église actuelle. L'organisation hiérarchique établie pour tous les temps à venir par le concile actuel, ne permet plus, en effet, de lui réserver des articles protecteurs dans la Constitution.

» Certes, on pourra attaquer la légitimité de ces appréciations juridiques. On pourra alléguer une foule de bonnes raisons pour démontrer qu'il est contraire aux intérêts de la so-

ciété elle-même de se placer à ce point de vue. Mais les faits
seront plus puissants que les raisons. Le concile du Vatican
apparaîtra aux yeux du législateur comme un acte entaché
d'illégalité et d'aveuglement, et entraînant un acte de guerre
qui détruit tout ordre et toute légalité.

» On acceptera la lutte provoquée par Rome. Les gouvernements allemands, surtout le plus puissant d'entre eux, peuvent compter sur l'assentiment de leurs populations, bien plus
peut-être qu'ils ne le désirent. La situation, examinée à ce
point de vue, est extrêmement dangereuse pour l'Église catholique.

» Le terrain sur lequel la guerre sera portée n'est pas difficile à indiquer. Il suffira de citer les interminables conflits
provoqués par les nominations des évêques, et les longues vacances qui en sont la conséquence, l'expulsion des jésuites,
les restrictions apportées à la liberté individuelle en ce qui
concerne les ordres monastiques, la défense faite aux ecclésiastiques d'aller étudier à Rome, et surtout la suppression de
toute influence de l'Église sur l'école. Toutefois, l'on s'aban-
donnerait à des illusions, si l'on s'imaginait que les choses ne
peuvent prendre une telle tournure que dans les pays dont les
souverains sont protestants. La réaction de la société politique
contre Rome sera, au contraire, si violente, que, même des
gouvernements soi-disant catholiques seront contraints de suivre la même voie.

» Quelle sera donc la situation faite aux évêques lorsque,
une fois de retour dans leur patrie, ils retrouveront comme
adversaires les mêmes gouvernements qui étaient leurs amis et
leurs protecteurs?

» On ne contestera pas que, s'ils veulent résister aux mesures qui seront prises, mesures qui, selon toute vraisem-
blance, seront justes en partie, ils ne puissent provoquer contre
leurs gouvernements une agitation considérable et qui ne serait pas sans danger. Mais ne seront-ils pas dès lors contraints
de s'abandonner à merci et miséricorde au despotisme papal
qu'ils viennent de combattre, bien que faiblement?

» Et la cause de la religion ne risque-t-elle pas, en fin de
compte, de souffrir de graves dommages dans cette guerre qui

peut donner lieu à tant d'éventualités d'une portée difficile à
calculer? N'a-t-on pas quelque motif de redouter que l'on n'arrive, en définitive, à créer, même en Allemagne. une situation ayant plus d'un point de ressemblance avec ce qui se
passe dans la Pologne russe? Et tout cela uniquement parce
que les évêques de la minorité ne peuvent pas être assez cruels
pour sevrer Pie IX d'une satisfaction personnelle, et pour
empêcher l'illumination de cette Rome qu'habite une population hostile à l'Église!

» Tout catholique impartial et n'arrivant du Nord que depuis peu de temps, qui observera la situation des choses à
Rome, ne pourra se défendre de la crainte de voir les Pères
du concile, y compris ceux de la minorité, atteints par la destinée qui, au bout d'un certain temps, frappe fatalement toutes
les assemblées parlementaires. Ces assemblées finissent par
perdre de vue les éléments qui, en dehors de la salle de leurs
séances, exercent sur les événements de l'histoire du monde
une influence décisive. S'il en était autrement, on ne comprendrait pas comment tant d'hommes éclairés se laissent ac-
culer dans une situation analogue à celle de l'oiseau qui considère comme une chaîne le trait à la craie que l'on a tracé
autour de lui.

» C'est ici le lieu de passer en revue les adversaires de la
minorité, c'est-à-dire ceux qui ont tracé le trait à la craie. Il
faut reconnaître qu'il en est beaucoup dans le nombre qui
prennent la chose au sérieux, notamment les prélats anglais
et les rares prélats allemands qui sont infaillibilistes. Quant
aux prélats français, c'est autre chose. La plupart d'entre eux
ont des arrière-pensées légitimistes et autres, tandis que les
prélats espagnols croient devoir se placer derrière le Pape,
parce qu'ils n'ont pas de point d'appui dans leur pays. Mais,
en ce qui concerne les prélats italiens, on s'abuse si l'on croit
que chez eux on peut constater, en matière de dogme, cet
examen approfondi des dogmes, qui conduit à la conviction
intime et qui est propre à l'esprit allemand.

» Vu l'instinct juste et pratique des Italiens, toute cette
lutte est une lutte *pro domo*, que l'on soutient pour exploiter
encore dans son propre intérêt l'Église romaine, inventée seu-

lement au profit des États italiens. Les Italiens de toute classe,
de toute religion et de toute race ont surtout le succès en vue.
Ce que l'on a continué d'appeler jésuitisme n'est rien autre
que la mise en système de la vieille pratique nationale des
Italiens.

» C'est pourquoi les évêques, et surtout les évêques allemands, qui ont combattu sérieusement les projets des Italiens
en s'appuyant sur des raisons historiques et théologiques, se
sont mis dans une fausse position. Ils négociaient encore alors
que leurs adversaires faisaient déjà la guerre. Toute la politique de la Curie et de ses prétoriens consiste, dès le principe,
à intimider ceux qu'elle combat. Si l'opposition s'était servie
de son côté de la même arme, et eût répondu à des empiétements réels par des faits réels, l'état-major italien aurait peut-
être donné aussitôt le signal de la retraite, au grand dépit des
fanatiques français et anglais.

» Une longue expérience a demontré que le Vatican était
toujours disposé à céder, dès qu'il se voyait menacé d'un grand
danger. Il semble parfois, il est vrai, que la Curie romaine
va tout mettre en jeu pour le principe; mais, en vérité, il n'y
a qu'une faute de calcul au point de vue de l'imminence et de
la grandeur du danger. On a souvent chancelé, au Vatican,
pendant la crise actuelle. Mais on a toujours combattu cette
propension à la faiblesse, non pas en faisant ressortir les ar-
guments meilleurs de la majorité, mais sa force numérique,
et la désorganisation et le découragement de la minorité.

» On a perdu, par là, il est vrai, beaucoup de terrain ; mais
la minorité, et même une minorité qui ne se composerait que
des évêques d'Autriche et d'Allemagne, peut encore changer
complétement la face des choses. Elle en trouvera l'occasion
lorsque l'on restreindra encore la liberté de la parole de la
minorité à l'occasion du chapitre IV, ou lorsque le Pape con-
voquera, après la congrégation générale, dans laquelle la minorité doit voter par un *non placet*, une réunion publique à
l'effet de proclamer le dogme. Le moment sera alors venu de
protester contre tout nouvel abus de la prépondérance numérique, de renouveler le *non placet* dans une protestation
écrite et de quitter Rome sans attendre aucune transaction.

» Les membres de la minorité elle-même répondront à ce conseil par le mot de *schisme;* mais ceux qui se laissent effrayer par ce mot, facilitent à leurs adversaires le système d'intimidation employé par ces derniers, ils se conduisent d'une manière déraisonnable. Il ne s'agit pas d'un schisme, mais d'une défaite de la camarilla. Le Vatican ne poussera pas les évêques allemands à prendre une attitude qui pourrait ressembler à un schisme. On rendra les Français responsables de tout le mal, et l'on trouvera un expédient. C'est à la Curie de le chercher, quand même Pie IX devrait être forcé par là de quitter le Vatican pour rentrer dans la vie privée.

» Les Allemands et les Autrichiens suffisent pour amener ce revirement. S'ils en doutent, c'est qu'ils méconnaissent l'effet électrique que le courage produit sur les hommes. Une partie étonnante des Pères italiens du concile se tournera contre le Pape, s'ils sont tout à coup arrachés à leur rêve et ne se figurent plus que la domination universelle leur est assurée par le moyen qu'ils ont employé jusqu'ici. Qu'on leur prouve le contraire, et l'on verra que les Italiens sont prudents. Si les évêques allemands étaient à cette occasion victimes d'une misérable conspiration, cela proviendrait non-seulement de leur excès de conscience, mais aussi de leur timidité et de leur ignorance touchant le caractère de leurs ennemis.

» Il n'y a plus qu'une remarque à faire. On pourrait facilement penser que le dernier pas décisif doit être fait dans la séance publique, immédiatement après le vote; mais, en pensant ainsi, on oublierait les nombreuses difficultés locales qui s'y opposent en pratique. On forcerait en outre, par une scène plus ou moins scandaleuse, le Pape à supporter une humiliation publique ou à se mettre au-dessus de tout scrupule. Le point où le concile est arrivé est on ne peut plus important, et les évêques auront à choisir de deux maux le moindre. D'un côté, un état de souffrance de l'Église, que l'on peut prévoir avec une certitude mathématique, et que l'on pourrait envisager avec calme, si l'on était sûr d'avoir agi avec une conviction consciencieuse; de l'autre côté, dans le pire des cas, une rupture momentanée, non pas avec le Pape, mais avec la personne de Pie IX, rupture qui sera amplement compensée par une plus grande confiance des catholiques allemands dans leurs évêques. »

(Pièces ne figurant pas parmi celles qui ont occasionné les poursuites.)

DÉPÈCHE

Du 3 avril 1874

DE M. DE BULOW AU COMTE D'ARNIM.

(Chiffrée, par la poste.)

« Berlin, le 9 avril 1874.

» J'ai donné connaissance à Sa Majesté l'Empereur du contenu de la lettre privée de Votre Excellence du 2 courant. Bien que vos relations avec la société parisienne soient encore interrompues pour quelques semaines, par la maladie dont madame la comtesse d'Arnim a été malheureusement atteinte, d'après la lettre de Votre Excellence, Sa Majesté désire cependant, comme elle vous l'a déjà fait savoir, que Votre Excellence remette ses lettres de rappel au maréchal de Mac Mahon personnellement, et seulement après l'interruption à laquelle la maladie survenue dans votre famille a soumis vos relations avec la société parisienne. Sa Majesté l'Empereur a pris cette décision parce que le prince de Hohenlohe n'arrivera pas à Paris prochainement, comme le croit Votre Excellence, mais ne se rendra à son nouveau poste qu'après la session du Parlement allemand.

» *Signé :* DE BULOW. »

RAPPORT

Du 11 avril 1874

ADRESSÉ DIRECTEMENT A L'EMPEREUR D'ALLEMAGNE
PAR LE COMTE D'ARNIM.

« Paris, le 11 avril 1873.

» SIRE,

» Bien qu'il soit superflu de mentionner la satisfaction
causée ici par les difficultés que la question militaire a ren-
contrées à Berlin, je n'omettrai cependant pas de relater
le fait suivant : Le colonel Samuel, officier bien connu, a
dit récemment qu'il trouvait on ne peut plus incompréhensible l'opposition d'une fraction du Reichstag. C'est
précisément parce que l'armée a une organisation et une
force assurées pour toujours, autant qu'on peut employe
ce mot, que l'Allemagne a la prépondérance sur les autres
nations. C'est, en tous cas, un phénomène singulier qu'en
France, où l'armée a perdu sa gloire, personne ne songe
à y porter atteinte, tandis qu'en Allemagne, où l'on doit
tout à l'armée, on ose diriger une pareille opposition
contre sa force et la solidité de son organisation.

» Pour moi, il est hors de doute qu'en France, aucun
des personnages qui sont ou seront, dans un avenir prochain, appelés à gouverner, ne regarde une guerre avec
l'Allemagne comme possible ou même souhaitable dans
les prochaines années. Cette résignation tient uniquement
à la conviction que la France a besoin d'un long espace
de temps pour pouvoir tenter raisonnablement une nouvelle passe d'armes avec l'armée allemande.

» Mais du moment où l'on serait convaincu que, dans
quelques années, l'armée allemande pourrait être moins
solide qu'à présent, on baserait ici ses calculs sur des élé-

11

ments tout différents. Donc, le but essentiel à poursuivre me paraît être que les Français ne cessent pas de redouter une guerre avec la Prusse. Cette crainte domine encore chez eux, et je crois qu'il leur est encore plus impossible de se résoudre pour le moment à une guerre, qu'il n'est pas certain qu'ils seraient battus ; mais si, en Allemagne, la machine venait à se disloquer, cette machine qui, d'après une opinion érigée ici en axiome, peut en quelques jours jeter une armée allemande sur Paris, alors la situation psychologique de la nation française serait tout autre, et, aussitôt qu'une résolution belliqueuse ne pourrait plus être considérée comme équivalant à un accès de folie nationale, on serait forcé de compter avec le caractère français, dont le propre est *d'échapper à tous les calculs.*

» Toutes ces considérations sont des lieux communs que je n'oserais pas soumettre à Votre Majesté, si je ne voyais qu'il y a des gens à qui les leçons d'un passé récent n'ont nullement profité. Il y a cependant encore une considération qui est un peu moins banale :

» La France est en ce moment gouvernée par des personnages qui ont commencé leur éducation politique sous la monarchie de juillet; car, pendant vingt ans, ils ont été condamnés à l'inaction, et, au point de vue politique, ils ont, plus ou moins, vécu comme des émigrés. Maintenant ils ont été portés, par les vicissitudes de l'histoire, et sans avoir beaucoup appris, à la tête du parti dont ils étaient la seconde pousse lorsque Louis-Philippe fut renversé. Ils ont pour alliés des personnages dont les souvenirs politiques se rattachent immédiatement à 1830, époque où leurs pères cessèrent d'appartenir aux classes dirigeantes. Tous sont sans doute des gens très-honnêtes, mais, à l'exception du duc Decazes, ils sont pour sûr complétement

incapables de gouverner. Ils ont en moyenne de cinquante-
cinq à soixante-cinq ans, et l'on a lieu de croire qu'avant
peu, d'un côté, par suite de leur manque de maturité, de
l'autre, par suite de leur manque de jeunesse, ils seront devenus les victimes de la dissolution toujours crois-
sante.

» Si l'Empire était rétabli sous Napoléon IV, il ne trouverait aucun appui dans les vieux serviteurs de l'empereur défunt. Rouher, Gramont, Fleury et d'autres peuvent
bien prétendre à des places lucratives; ils ne peuvent plus
rendre de services. Entre les vieux serviteurs de Napoléon III et ses jeunes partisans, manque la classe intermédiaire de quarante-cinq à cinquante-cinq ans. L'Empire,
lui aussi, en est donc réduit à des hommes encore jeunes.
La République est dans le même cas. Si Gambetta veut
gouverner, il faut qu'il s'adresse aux jeunes fonctionnaires
de son parti. Bien qu'il soit hasardeux de faire des prophéties, il est toutefois permis de croire que, dans cinq ou dix
ans, aucun des personnages actuellement influents ne sera
plus en vie ou en état de jouer un rôle politique. Nous
nous trouverons alors en face d'une autre classe d'hommes
d'État, pour qui les revers essuyés par la France en 1870
ne seront pas une leçon, mais un motif de mépriser les
hommes d'État qu'ils seront appelés à remplacer.

» Dans l'armée, la situation est tout à fait analogue. Si
maintenant l'on demande ce que la France pensera dans
quelques années de la guerre et de la paix, il faudra moins
tenir compte de l'opinion des gouvernants actuels que du
caractère, de l'ambition, du talent et des traditions de
famille des jeunes gens qui, dans quelques années seront
au pouvoir. Mais ce qui n'est pas douteux, c'est que cette
nouvelle génération d'hommes d'Etat, dont les frères ca-

11.

dets servent aujourd'hui comme volontaires d'un an, et se plaisent dans l'armée, regarde un règlement de compte avec l'Allemagne comme la tàche qu'elle est appelée à remplir.

» J'ai l'honneur d'étre avec le plus profond respect, etc.

» *Signé :* D'ARNIM. »

(Pièce sur laquelle M. d'Arnim a déclaré ne pouvoir donner aucun renseignement.)

———

RAPPORT Nº 29

Du 11 avril 1874

DE M. D'ARNIM A M. DE BULOW.

• Paris, 11 avril 1874.

. » J'ai eu l'honneur de recevoir la lettre chiffrée de Votre Excellence, relative à la conduite à observer lors de la remise de vos lettres de rappel. La malade est hors de danger, mais tellement affaiblie qu'on ne saurait rien préciser touchant l'époque où commencera la convalescence. Ma fille n'est pas tout à fait remise des suites de sa maladie. Tous ces contre-temps sont pour moi très-désagréables, parce que j'ai quelques affaires pressantes pour lesquelles je voudrais bien aller passer quelques jours à Berlin. Des correspondances émanant de ma plume ont été publiées dans la *Presse* de Vienne. Je n'ai qu'une observation à faire à cet égard : c'est que je ne déclare ni apocryphe ni authentique la petite lettre qui accompagne le mémoire ; mais je sais de la manière la plus positive qu'elle n'était pas adressée à l'évêque Hefele ; car je me souviens d'avoir communiqué personnellement le mémoire à l'évêque dans son appartement du Quirinal, ou du moins je crois m'en souvenir. Je ne sais pas non plus au juste si cet évêque ou un autre m'a affirmé sur sa parole d'honneur qu'il ne se soumettrait

jamais ; beaucoup l'ont promis, à eux-mémes et à d'autres,
mais je ne sache pas qu'il ait été question de parole d'hon-
,neur. Je n'aimerais guère à me mettre directement en rapport avec la presse ; mais il me serait très-agréable que
l'évéque Hefele fût au moins disculpé, par un *communiqué*
publié dans des journaux officieux, de l'accusation d'avoir
violé sa parole d'honneur et d'avoir reçu ce billet.

» *Signé :* D'ARNIM. »

(Pièce ne figurant pas parmi les documents qui ont occasionné les
poursuites.)

LETTRE

Du 21 avril 1874

DU COMTE D'ARNIM AU CHANOINE DŒLLINGER

Publiée dans la Gazette d'Augsbourg *du 25 avril
de la méme année.*

« Paris, le 21 avril 1874.

» TRÈS-RÉVÉREND,

» La *Gazette de l'Allemagne du Nord* a publié il y a quelques jours un rapport rédigé par moi en mai 1869, que
vous aurez sans doute remarqué. En raison du but dans
lequel cette publication a eu lieu, je n'ai pu, à mon grand
regret, omettre les passages dans lesquels figure votre nom.
Je me vois donc forcé de vous prier, Monseigneur, de m'excuser d'avoir, en mai 1869, parlé incidemment de vous
d'une façon qui n'indique pas assez clairement la vénéra-
tion que j'éprouve pour Votre Révérence. Vous me pardon-
nerez d'autant plus facilement la manière dont je me suis
exprimé alors, que vous vous rappellerez sans doute que
je n'avais pas encore, en mai 1869, l'honneur d'être connu
de vous. La récente publication du rapport du 14 mai 1869

est, dit-on, destinée à montrer la contradiction qui existe
entre les idées exprimées alors par moi et celles que j'ai
résumées dans un mémoire reproduit par la *Presse* de
Vienne. Je vous ferai remarquer, à ce propos, que cette
dernière publication n'a pas eu lieu à mon instigation. J'ai
une copie du mémoire qui diffère par certains détails du
document publié; mais ce serait cependant une subtilité
que de déclarer apocryphe la pièce qui a paru dans la
Presse. Les changements ont été certainement faits par
celui qui a envoyé le document, afin d'épargner certaines
personnes. Quant à la contradiction qui existe entre mes
idées du mois de mai 1869 et celles du mois de juin 1870,
elle est peu importante en elle-même. Du reste, en
mai 1870, je m'occupais moins du dogme que de la façon
dont il serait créé. Si les évêques allemands avaient déclaré
tout d'abord que le dogme de l'infaillibilité était une
théorie dont l'adoption était toute naturelle et par conséquent indifférente au point de vue pratique, les gouvernements n'auraient probablement pas pu intervenir dans
cette question. Mais l'attitude prise par les évêques d'Autriche et d'Allemagne à l'automne de 1869, pendant le
Concile, a suffi pour me montrer la portée de l'entreprise
du Pape. J'ai acquis la conviction que l'infaillibilité n'était
pas seulement un vase précieux ou vide, destiné à orner
le Vatican, mais une boîte de Pandore, d'où l'on pouvait
répandre à l'occasion des ingrédients très-dangereux sur le
monde catholique. Par conséquent, si l'on me fait un
reproche d'avoir modifié mes idées par l'expérience du
mois de mai 1869 au mois de juin 1870, c'est là un
reproche que j'accepte volontiers. Si j'ai appris quelque
chose en ce temps-là, je le dois surtout aux évêques allemands, qui ont eu la bonté de m'éclairer sur les consé-

quences du dogme. On engagea, à cette occasion, une discussion tout à fait stérile sur la question de savoir si l'envoi d'un ambassadeur au Concile aurait donné aux choses une autre tournure. Qui pourrait même aujourd'hui résoudre cette question? Je persiste, pour ma part, à penser que si on avait agi comme je le désirais, ceux qui ont entrepris la campagne auraient ressemblé à ce héros qui sorti de chez lui pour conquérir le monde, y rentrait à cause de la pluie, *infectâ re, colle trombe al sacco.* Je regrette principalement que les pourparlers proposés par le prince de Hohenlohe n'aient pas donné lieu à une discussion plus approfondie. Si l'on avait réussi à étouffer dans son germe l'ivraie qui s'est développée au Concile, nous ne serions pas aujourd'hui dans cet état de confusion incompréhensible, qui remet en question tout ce qui semble être depuis longtemps le bien commun de la chrétienté. Permettez-moi, mon Révérend, de vous exprimer de nouveau, à cette occasion, la respectueuse estime avec laquelle j'ai l'honneur d'être votre bien dévoué :

» ARNIM. »

(Pièce ne figurant pas parmi celles qui ont occasionné les poursuites.)

LETTRE

Adressée le 1er mai 1874

PAR LE COMTE D'ARNIM A LA *Gazette de Spener*

Et publiée, au mois de mai de la même année, dans le n° 201 de ce journal.

« Berlin, le 1er mai 1874.

» MONSIEUR LE RÉDACTEUR,

» Arrivé hier à Paris, je trouve dans les journaux de Berlin une série d'articles où l'on m'attaque à l'occasion de ma

lettre à M. de Dœllinger. Ma position officielle m'empêche de
répondre à ces attaques. Je puis toutefois protester dès aujourd'hui contre le reproche qui se reproduit le plus souvent,
c'est-à-dire, contre le reproche d'avoir, contrairement aux
traditions de la diplomatie prussienne, entamé une polémique avec le chef responsable de la politique allemande. Je
suis surpris de l'ingénuité avec laquelle une accusation aussi
grave a été prononcée devant le public et mise petit à petit en
circulation comme un fait incontestable. C'est pourquoi je
suis obligé d'exposer les faits pour prouver que je n'ai pas
pris moi-même l'initiative d'une discussion politique, mais
que j'ai été *forcé,* par une publication dans laquelle il était
question de moi, sans que je l'aie influencée en aucune
façon, de sortir de la réserve où je m'étais tenu jusqu'ici
malgré toutes les provocations. On a publié dans un journal
étranger certains documents qui ont attiré l'attention du
public sur l'histoire du concile. Je n'ai pas à rechercher
qui a été l'instigateur de cette publication ; je ferai seulement remarquer qu'elle n'émane pas de moi. Aussitôt après,
un journal de Berlin a publié des documents officiels com-
plétant *les révélations.* Jusqu'ici il n'y a rien d'étonnant à
tout ce qui s'est passé. Les documents du journal viennois
ne renferment rien de nouveau ni rien qui puisse être désagréable au chef de la politique allemande. Les *instructions* n'ont pu davantage étonner ceux qui connaissent, ne
fût-ce que superficiellement, l'histoire diplomatique des
dernières années. Il en est autrement de la publication de
mon rapport du 14 mai 1869, auquel les choses qu'il contient donnent un caractère tout à fait confidentiel. Cette
publication, comme tout le monde le reconnaîtra, est en
contradiction avec les traditions, non-seulement de la diplomatie prussienne, mais de toutes les diplomaties. Je con-

state ce fait sans vouloir en aucune façon le critiquer. Il
peut être souvent nécessaire et quelquefois utile de rompre
avec la tradition, et ce n'est pas à moi de décider pourquoi un tel procédé était nécessaire dans le cas en question, et s'il était utile. Mais une circonstance particulière
m'a obligé de prendre note de cette publication. Dans le
rapport du 14 mai 1869, j'avais parlé de M. de Dœllinger
d'une façon qui devait blesser profondément ce vénérable
personnage. On m'avait, pour ainsi dire, conduit le bras
pour frapper un homme qui a le droit de me compter
parmi ses plus chauds partisans. Mais M. de Dœllinger ne
pouvait pas savoir si cet acte avait été, de ma part, tout à
fait involontaire. Il pouvait, au contraire, supposer que
j'avais été informé de la publication de mon rapport confidentiel, avant qu'elle eût été ordonnée. Je devais donc
une réparation à M. de Dœllinger, et il était de mon devoir de lui laisser la faculté de la rendre publique, puisqu'on avait rendu l'affaire publique. M. de Dœllinger a
publié ma lettre, et je l'en remercie, car elle ne contient
rien que je puisse avoir l'intention de nier ou de déguiser
par une fausse interprétation. La prétendue polémique
avec le chef responsable de la politique allemande n'est
pas dans la lettre; on l'y a mise. Il me suffit aujourd'hui
de constater que ce n'est pas moi qui suis venu devant le
public pour parler de politique. J'ai été forcé de me présenter en personne pour faire voir sous son vrai jour la
conduite que j'ai suivie à l'égard d'un homme que je vé-
nère.

» Agréez, Monsieur le Rédacteur, l'assurance de ma
considération la plus distinguée.

                    » *Signé :* D'ARNIM. »

DÉPÊCHE

Du 5 mai 1874

DU MINISTÈRE DES AFFAIRES ÉTRANGÈRES AU COMTE D'ARNIM

Avec la mention : *A remettre à M. d'Arnim personnellement.*

« Berlin, le 5 mai 1874.

» M. le chancelier de l'Empire ayant jugé à propos de faire un rapport à S. M. l'Empereur et Roi touchant la publication de vos lettres du 8 janvier et du 18 juin 1870 et de votre lettre du 12 du mois dernier au prieur de chapitre Dœllinger, Sa Majesté a daigné ordonner que Votre Excellence soit invitée à justifier officiellement sa conduite en cette affaire. En vertu de cette décision de Sa Majesté et par ordre de M. le chancelier de l'Empire, je vous prie cependant de vous expliquer par écrit sur les points suivants, en vous faisant remarquer l'importance qu'a votre serment administratif au point de vue d'une déclaration officielle demandée par Sa Majesté. Les correspondances aux journaux que Votre Excellence a continuées en envoyant la lettre publiée dans la *Gazette d'Augsbourg* du 25 de ce mois ont leur source dans les publications de la *Presse* de Vienne du 2 avril de cette année, intitulées : *Révélations diplomatiques,* et datées de Florence le 17 mars de cette année. Pour bien juger les faits qui ont résulté de la publication de ces documents reconnus depuis par Votre Excellence, il faut d'abord établir à l'instigation ou par l'intermédiaire de qui ils ont été publiés. Votre Excellence est donc priée de déclarer si cette publication émane, comme le prétend un avis de Vienne, directement ou indirectement de vous, ou si elle a eu lieu par suite de la communication des pièces à des tiers, et si, éventuellement, vous avez eu connaissance de la publication avant qu'elle eût été effectuée ; dans le cas où il en serait ainsi, vous seriez prié d'indiquer les noms des personnes à qui est attribué l'envoi des documents au journal viennois. Dans le cas où Votre Excellence pourrait assurer qu'elle n'a pris part à la publication ni par sa propre initiative ni par la connaissance qu'elle aurait eue de l'intention que l'on avait de l'effectuer, vous seriez prié de déclarer qui peut être, d'après vos suppositions, l'expéditeur des lettres en question, c'est-à-dire à qui peut se rapporter, selon vous, l'allusion faite dans la *Presse,* avant la première lettre, à une rencontre qui aurait eu lieu en 1870. Il serait enfin nécessaire que Votre Excellence prît des informations pour rechercher le destinataire de cette lettre, c'est-à-dire pour savoir à qui vous avez pu donner copie de ces documents et à qui vous attribuez la publication en question. Si, comme on le dit, MM. de Dœllinger et Hefele étaient les destinataires de vos lettres, il n'est pas probable qu'ils aient fourni l'occasion d'une publication contraire à leurs intérêts. Le ministère des affaires étrangères a le droit de demander que vous contribuiez à découvrir le publicateur de ces pièces parce que Votre Excellence, en faisant dans une lettre privée des communications relatives à ses fonctions officielles, qui pouvaient être et ont été exploitées par les ennemis du gouvernement, a assumé la responsabilité de cet abus. Votre Excellence doit aussi avoir remarqué que les révélations dont il s'agit ont donné lieu, dans toute la presse politique, à des discussions et à des révélations hostiles touchant la politique suivie par le gouvernement de Sa Majesté vis-à-vis de Rome et du concile. En conséquence de différents rapports parvenus au ministère des affaires étrangères, il sera nécessaire que Votre Excellence déclare si elle a pris part

à la publication de l'article ci-joint du 5 avril de la *Gazette de Spener*, signé Bonart, soit que vous l'ayez occasionné directement ou indirectement, soit que vous ayez
été informé de la publication. Je suis chargé de demander
à Votre Excellence une déclaration analogue et s'étendant
aux mêmes points touchant l'article de la *Gazette de Silésie*
du 29 avril, également joint à cette lettre, intitulé : *le
Comte d'Arnim et Bismarck,* comme les autres articles de
la même époque, et marqué B. Dans les explications que
vous donnez touchant la lettre au prieur de chapitre Dœllinger en date du 21, il s'agit formellement d'établir, par
votre déclaration officielle, si vous avez écrit la lettre vous-
même, et ensuite si vous l'avez envoyée ou fait envoyer à
la *Gazette d'Augsbourg,* et, dans le cas où la lettre aurait
été publiée par le destinataire, si ce dernier a pu d'une façon quelconque se considérer comme autorisé par vous à la
publier. Si Votre Excellence se reconnaît auteur des lettres, elle aura à se justifier au sujet des conséquences qui
ont dû se lier et se sont liées déjà d'une manière désavan-
tageuse à l'opposition faite publiquement par un haut
fonctionnaire en activité à la politique suivie par le gouvernement impérial avec l'assentiment de Sa Majesté. Je
dois à cet égard rappeler à Votre Excellence qu'une polémique violente, occasionnée par la publication des lettres
qui ont paru dans la *Presse,* s'est élevée contre notre politique ecclésiastique depuis plusieurs semaines, à partir de
l'époque de la dernière lettre, dans les journaux hostiles
de tous les pays, et je dois vous faire remarquer l'impression que ne pouvaient manquer de faire d'autres déclarations publiées en votre nom. Si vous croyez devoir désirer qu'une rectification fût faite concernant les déclarations
qui proviennent, dit-on, de vous ou qui vous sont attri-

buées, vous deviez naturellement, en votre qualité de
fonctionnaire, vous adresser d'abord à l'autorité supérieure
et par elle à S. M. l'Empereur, pour demander, s'il y avait
lieu, l'autorisation officielle de faire une déclaration sur un
sujet politique. Si vous étiez blessé de ce que l'on avait
publié quelques-uns de vos anciens rapports pour combattre les suspicions dont nos intentions pacifiques avaient
été plusieurs fois l'objet dans la presse ultramontaine de
Vienne, vous deviez formuler vos plaintes dans une lettre
directe à S. M. l'empereur ou dans un rapport au chancelier de l'Empire. Les fonctionnaires de Sa Majesté ne
disposent d'aucun autre moyen, et, au lieu de l'employer,
vous vous êtes adressé directement à l'opinion publique
pour accuser devant elle de lourdes fautes et d'erreurs
graves la politique que nous suivons par ordre de S. M.
l'Empereur. Sa Majesté a déjà blâmé vivement cette conduite imprudente de Votre Excellence. Les explications
que vous êtes invité à fournir indiqueront jusqu'à quel point
il est nécessaire d'appliquer à Votre Excellence les lois en
vigueur relativement aux fonctionnaires de l'Empire.

(Cette pièce ne figure pas parmi celles qui ont occasionné les poursuites.)

LETTRE

Du 7 mai 1874

DU COMTE D'ARNIM AU MINISTÈRE DES AFFAIRES ÉTRANGÈRES.

« Berlin, 7 mai 1874.

» J'ai eu l'honneur de recevoir la dépêche de Votre
Excellence en date du 5 mai. Je me bornerai pour aujour-
d'hui à répondre à une assertion qu'elle renferme. Votre
Excellence a vu dans la publication de ma lettre à M. de

Dœllinger un acte d'opposition publique à la politique
suivie par le gouvernement impérial. Je n'ai nullement,
par aucun terme de cette lettre, accusé le gouvernement de
fatales erreurs et de fautes graves. Je ferai remarquer que
je n'ai reconnu cette interprétation comme admissible que
lorsque la presse officieuse, et principalement la *Gazette de
l'Allemagne du Nord*, l'eut mise en circulation en y ajoutant des attaques acérées et passionnées. Si quelques phra-
ses détachées de ma lettre à M. de Dœllinger ont pu, d'a-
près l'opinion du gouvernement, donner lieu aux fausses
interprétations qu'on a trouvées, on aurait dû me demander,
comme à tout autre fonctionnaire supérieur ou inférieur,
quelle était mon opinion à ce sujet. On aurait pu m'inviter
à me justifier de la façon prescrite par la loi, si on n'avait
pas trouvé mes explications suffisantes. On n'a rien fait de
tout cela. La presse officieuse s'est jetée sur moi avec une
entente et une passion qui ont enlevé au public sa liberté
de jugement. Quiconque connaît l'organisation de la presse
avouera que ce procédé équivaut à condamner un haut fonctionnaire avant de l'avoir entendu. Ma lettre n'a pas le sens
que Votre Excellence lui donne et ne peut l'avoir pour quiconque ne part pas de la fausse opinion que l'auteur est
en principe ennemi du gouvernement. J'ai dit dans ma
lettre, qui contient, selon moi, des faits incontestables, que
la marche malheureuse qu'avait suivie le concile était cause
du désordre actuel. On ne m'a pas encore indiqué jusqu'ici dans quels termes j'ai rendu le gouvernement responsable de cette situation. Personne n'a le droit d'interpréter ma lettre à M. de Dœllinger comme si elle conte-
nait les mots que dans la pensée on est forcé d'y placer entre
les lignes pour lui donner le sens qu'elle aurait d'après
votre dépêche du 5 mai. Je ne puis donc que repousser de

la manière la plus énergique l'assertion d'après laquelle
j'aurais fait acte d'opposition au gouvernement par ma
lettre à M. de Dœllinger.

» Signé : D'ARNIM. »

(Cette pièce ne figure pas parmi celles qui ont occasionné les poursuites.)

DÉPÊCHE

Du 10 mai 1874

DU MINISTÈRE DES AFFAIRES ÉTRANGÈRES AU COMTE D'ARNIM

« Berlin, le 10 mai 1874.

» La lettre de Votre Excellence, en date du 7 courant,
n'est parvenue au ministère des affaires étrangères que le
9 dans l'après-midi. Votre Excellence déclare elle-même
que cette lettre n'est qu'une réponse provisoire à un point
de la dépêche du 5 mai qui vous a été adressée par ordre
de S. M. l'Empereur, et Votre Excellence n'a pas encore
répondu aux questions qui lui ont été posées en vue de sa
justification officielle. Le ministère des affaires étrangères
se voit donc forcé de vous faire remarquer qu'il ne peut
accepter de nouveaux éclaircissements isolés, relatifs aux
différents points de cette dépêche, et vous prie au contraire
de nouveau de répondre, conformément à la dépêche du
5 courant, à tous les points sur lesquels des explications
ont été demandées à Votre Excellence. Si vous tardiez
plus longtemps à lui répondre, le ministère des affaires
étrangères ne pourrait éviter de donner suite aux décisions
nécessitées par l'état des choses, et à la procédure in-
struite contre Votre Excellence. »

(Cette pièce ne figure pas parmi celles qui ont occasionné les poursuites.)

LETTRE

Du 11 mai 1874

DU COMTE D'ARNIM AU MINISTÈRE DES AFFAIRES ÉTRANGÈRES.

« Berlin, le 11 mai 1874.

» J'ai eu l'honneur de recevoir la dépêche de Votre Excellence en date d'hier. Je prie Votre Excellence de vouloir bien se rappeler que, pour répondre à cette dépêche et à celle du 5 mai, il me faut correspondre avec des personnes qui ne sont pas à Berlin et dont plusieurs n'habitent pas même l'Allemagne. Il ne dépend donc pas tout à fait de moi de hâter la réponse qui m'est demandée.

» *Signé :* D'ARNIM. »

(Cette pièce ne figure pas parmi celles qui ont occasionné les poursuites.)

LETTRE

Du 14 mai 1874

DU COMTE D'ARNIM AU MINISTÈRE DES AFFAIRES ÉTRANGÈRES.

« Berlin, le 14 mai 1874.

» Pour plus ample réponse à la dépêche du 5 mai, j'ai l'honneur de faire les remarques suivantes à Votre Excellence. Je ne suis à aucun point de vue responsable des révélations de la *Presse* de Vienne. Je ne puis non plus demander à ce sujet des explications à d'autres personnes. Toutefois, j'ai prié le rédacteur de la *Presse* de me donner des renseignements sur la personne qui a envoyé les révélations. Le rédacteur m'a adressé la lettre dont vous trouverez ci-joint copie. Je ne puis indiquer les destinataires des deux lettres publiées, mais je crois me rappeler que je n'ai jamais écrit à Mgr l'évêque de Rothenbourg. Le mémoire publié était le résumé des réflexions que j'ai faites, comme beaucoup d'autres personnes, relativement aux conséquences probables du Concile. Les remarques que j'ai faites touchant l'impression produite par ce mémoire ne concordent pas avec celles que Votre Excellence désigne comme généralement prédominantes. Quant à la déclaration que vous me demandez touchant les articles de la *Gazette de Spener* et de la *Gazette de Silésie*, je réponds d'une manière tout à fait négative aux questions qui me sont posées. J'ai écrit la lettre à M. de Dœllinger et j'ai autorisé ultérieurement cet ecclésiastique à la publier. Cette lettre n'avait pas d'autre but que de réparer l'offense qui a été faite à M. de Dœllinger dans une publication à laquelle je n'avais pas participé. Je ne sais rien des prétendus pourparlers qui auraient eu lieu en 1870.

» *Signé :* D'ARNIM. »

(Pièce ne figurant pas parmi celles qui ont occasionné les poursuites.)

NOTE

Écrite le **22** mai 1874

PAR LE COMTE D'ARNIM.

« Paris, le 22 mai 1874.

» J'ai été aujourd'hui chez Landsberg, qui m'a communiqué une lettre de Lauser (*Presse*), conçue à peu près en ces termes :

« Vienne, le 19.

« CHER AMI,

» Un certain baron Rethel est venu aujourd'hui chez moi pour m'engager, moyennant une *caution* dont je devais fixer le chiffre, à lui dire le nom de la personne qui a envoyé les *Révélations*. Il paraît donc qu'on ne recule devant aucun moyen. Mon voyage de Florence me profite maintenant on ne peut mieux.

> » Votre LAUSER.

» J'ai rencontré Beckmann dans la rue. Comme je le savais par Landsberg, il a été interrogé à l'ambassade et on a dressé procès-verbal de sa déposition. D'après B., qui ne m'a pas parlé de son interrogatoire....., cet interrogatoire avait plutôt pour but d'établir les faits concernant les *Révélations,* que concernant l'indiscrétion de l'*Écho du P.*

» Hohenlohe m'a dit aujourd'hui qu'il n'avait rien trouvé de choquant dans ma lettre à Dœllinger. »

(Pièce ne figurant pas parmi celles qui ont occasionné les poursuites.)

DÉPÊCHE

Du 28 mai 1874

DU MINISTÈRE DES AFFAIRES ÉTRANGÈRES AU COMTE D'ARNIM.

> • Berlin, le 28 mai 1874.

» Le ministère des affaires étrangères a eu, postérieurement à l'enquête disciplinaire dirigée contre Votre Excellence, relativement à la gestion de l'ambassade de Paris, connaissance d'un fait sur lequel le ministère en question est obligé, vu la façon particulière dont ce fait s'est passé, de demander des explications à Votre Excellence.

» Le 21 septembre 1872, l'*Écho du Parlement,* de Bruxelles, publiait la communication suivante : « L'am-
» bassadeur d'Allemagne à Paris, comte d'Arnim, aurait,
» dit-on, donné sa démission après le règlement de la
» question d'indemnité. Le comte d'Arnim ferait remar-

» quer que le poste d'ambassadeur à Paris ne le dédommage
» pas des désagréments qu'il rencontre dans ses rapports
» avec la société parisienne. Si cette démission était ac-
» ceptée, le poste d'ambassadeur resterait vacant pour un
» temps indéfini. Il paraît que le prince de Bismarck est
» disposé à ne laisser à Paris qu'un consul pour l'expédi-
» tion des affaires courantes. »

   « Cette fausse nouvelle, répandue par le télégraphe
dans toutes les directions, produisit, comme vous vous le
rappelez sans doute, une vive sensation dans toute la presse
européenne. Le 1ᵉʳ octobre de la même année. Votre
Excellence, rentrant à son poste après un congé, nous
adressa la communication suivante sur cet article : « Au
» sujet de la propagation de la nouvelle erronée des jour-
» naux, d'après laquelle j'aurais offert ma démission, une
» feuille de cette ville (Paris) attribue la responsabilité de
» ce faux bruit à M. de Kahlden, personnage assez connu
» à Berlin qu'il habite. Ce dernier aurait envoyé cette note
» dans son dépit d'avoir été exclu du Jockey-Club et d'ê-
» tre privé de sa partie de whist. Quoi qu'il en soit, les
» quelques lignes qui, probablement à la suite d'une mé-
» prise, ont pris le chemin de Bruxelles, ont causé une
» sensation extraordinaire. Des quatre points cardinaux,
» on sermonne les Français. »

   » Une note communiquée plus tard au ministère des
affaires étrangères, a fait naître la supposition que cette
nouvelle émanait directement de l'ambassade impériale à
Paris. Le comte de Wesdehlen, invité par ordre du prince-
chancelier à se prononcer officiellement et par serment sur
cette supposition, l'a confirmée. Enfin, le docteur Beckmann, interrogé à Paris, a fait une déclaration d'après laquelle il aurait été chargé, par écrit, à ce qu'il croit, le

12.

20 septembre 1872, par Votre Excellence, de répandre le plus tôt possible l'article de l'*Écho du Parlement* tel qu'il avait paru dans ce journal. M. Beckmann a ajouté qu'il s'est rendu en conséquence à Bruxelles pour donner de la publicité à cette nouvelle par la presse et par le télégraphe.

» Le ministre des affaires étrangères désire fournir, par la présente, à Votre Excellence, l'occasion de s'expliquer sur les faits en question.

» *Signé : pour le chancelier de l'empire,*
» DE BULOW. »

(Pièce ne figurant pas parmi celles qui ont occasionné les poursuites.)

LETTRE

Du 7 juin 1874

DU COMTE D'ARNIM A M. LANDSBERG.

« Carlsbad, le 7 juin 1874.

» Je vois, à mon grand regret, par votre lettre du 5, monsieur le docteur, que vous avez mal compris celle que je vous ai adressée le 3 courant. Il m'a fallu quelque temps pour découvrir d'où pouvait provenir le malentendu, et je puis dire que je l'ai découvert. J'ai presque envie de m'écrier en même temps : *Tu quoque !*

» J'avais reproduit votre pensée, qui se résumait à peu près ainsi : « Point de sacrifice et point de chantage », et je jetais en même temps un regard mélancolique et jaloux sur l'institution bienfaisante que l'on appelle le Fonds des R..... [1].

» Vous vous êtes imaginé que je voulais qualifier votre

---

[1] Il s'agit ici du fonds des Reptiles, c'est-à-dire du fonds destiné subventionner la presse dans l'intérêt du prince de Bismarck.

demande, très-fondée, légitime, honnête, modeste, non
refusable, exprimée d'une façon discrète à faire honte,
concernant la restitution de dépenses faites à mon instigation, de réclamation exorbitante, étonnante, qui ne pourrait être faite que par une personne disposant du fonds.
J'ai dit par malheur, si je ne me trompe : « Maintenant, il
m'est impossible de faire concurrence à B... » et vous avez
lu : « Je ne peux pas envoyer le billet à présent, parce
que je n'ai pas le R... », tandis que je voulais seulement
dire : « Je ne puis pas faire à présent tout ce que je voudrais pour l'amélioration de la presse allemande », et finalement vous avez probablement interprété ces paroles :
« Le billet vous parviendra par une autre voie », comme
si j'eusse voulu vous l'envoyer d'un autre endroit, tandis que je voulais dire seulement : « Je dois donner à quelqu'un qui n'est pas ici, mais à Schwalbach, l'ordre de
vous envoyer la chose en question (ou plutôt la seule
qui ne soit pas en question) sous couvert et sans lettre
d'envoi.

» *Ecce.* J'espère maintenant que vous me comprenez. Si
l'on pouvait arriver à un accord de pensées par des signes
conventionnels, ce serait là un miracle auprès duquel
celui de saint Janvier ne serait qu'un jeu d'enfant. S'il n'y
a pas moyen d'y arriver, veuillez me permettre d'employer
l'expression de cordial remercîment. Après le sentiment
de la reconnaissance que cause un service, l'idée de pouvoir être reconnaissant est certainement un sentiment
agréable.

» *Signé :* Comte D'ARNIM. »

(Pièce ne figurant pas parmi celles qui ont occasionné les poursuites.)

RAPPORT

Du 8 juin 1874

DU PRINCE DE HOHENLOHE, AMBASSADEUR D'ALLEMAGNE A PARIS,
AU MINISTRE DES AFFAIRES ÉTRANGÈRES, A BERLIN.

« Dans les archives de l'ambassade, il manque les pièces suivantes, enregistrées comme pièces politiques :

» 1° Rapport n° 38, du 16 avril 1873, concernant l'éventualité d'une vacance du Saint-Siége ;

» 2° Rapport n° 39, du 26 avril 1873, concernant le prochain conclave.

» 3° Rapport n° 40, du 28 avril 1873, concernant l'entretien avec M. Thiers sur la maladie du pape, ainsi qu'une dépêche qui se rattache à ce sujet.

» Le journal de l'ambassade n'indique pas que d'autres rapports que ceux ci-dessus mentionnés aient été adressés au ministère des affaires étrangères.

» Ces rapports, ainsi que la dépêche, sont actuellement pour moi d'une grande importance, et je vous prie de m'en envoyer copie, et de m'indiquer les résolutions que vous aurez prises en cette affaire.

« Prince DE HOHENLOHE. »

LETTRE

Du 11 juin 1874

DE M. LAUSER A M. LANDSBERG.

« Vienne, le 11 juin 1874.

» Cher ami,

»' Je vous remercie bien de la lettre et du souvenir. Comptez toujours sur mon empressement à vous rendre service. Ma femme garde de vous le meilleur souvenir et espère, comme moi, vous revoir sous peu. Bien entendu, je

répondrai partout à l'appel de nos amis. J'aurai alors soin
de faire honneur à votre recommandation. Les aphorismes
de la *Gazette de la Croix* sont magnifiques. Bucher est
venu hier chez moi pour me questionner sur l'affaire de
corruption. Veuillez, quand vous aurez le temps, faire
pour moi la commande de vin de Bordeaux.

» Je vous remercie encore une fois et vous salue bien.

» Votre LAUSER. »

LETTRE *non signée*
(Juin 1874)
DE M. LANDSBERG.

« Je reçois la lettre ci-jointe de mon ami L..., de
Vienne. Bucher, dont il est question dans cette lettre, est
le frère du conseiller intime de Berlin, Lothar Bucher; il
est aussi homme de lettres et habite Vienne. Je le connais
bien. A l'époque où j'étais à Vienne, ses rapports avec son
frère Lothar étaient très-froids; il en est peut-être autrement à présent. Il ne vaut certainement pas la peine de
faire venir à présent L... à Carlsbad. Il veut plutôt dire,
par sa lettre, que si on l'appelait dans un hôtel de Vienne
il irait avec empressement. Beckm... est parti hier pour
Berlin; on cherchera à exercer par lui une pression sur
moi. On n'aura aucun succès, cela va sans dire. »

LETTRE
Du 15 juin 1874
DE M. FRANZ WALLNER AU COMTE D'ARNIM.

« Marienbad, le 15 juin 1874.

» MONSIEUR LE COMTE,

» Aussitôt après mon arrivée, j'ai eu un entretien avec

le D' E..., qui a parlé, il ne pouvait en être autrement, de Votre Excellence avec le plus grand respect, et m'a dit que Votre Excellence aurait vu elle-même que le journal le plus influent était, dans la dernière affaire contre B., tout à fait du côté de Votre Excellence.

» Il sera très-heureux d'avoir l'honneur de faire votre connaissance et vous prie, pour le cas où il ne vous serait pas agréable d'aller le voir au bureau de rédaction, où on peut lui parler en particulier et sans être dérangé, de midi à une heure et de quatre à six, de lui faire savoir où il pourrait avoir l'honneur, monsieur le comte, de vous rendre visite. Il ne sait naturellement pas encore si vos idées comme journaliste concordent avec les siennes; mais il affirme de la manière la plus catégorique qu'il est aussi incapable d'abuser de la confiance mise en lui que de commettre la plus légère indiscrétion. En m'acquittant de cette agréable commission, j'ai l'honneur de vous souhaiter une bonne cure.

» Votre tout dévoué,

» *Signé :* FRANZ WALLNER. »

DÉPÊCHE

Du 15 juin 1874

DU MINISTÈRE DES AFFAIRES ÉTRANGÈRES AU COMTE D'ARNIM.

« Berlin, le 15 juin 1874.

» D'après les communications officielles de l'ambassade d'Allemagne à Paris, il manque, dans les archives politiques de cette ambassade, les documents suivants : Rapport n° 38, du 16 avril 1873; rapport n° 39, du 26 avril 1873; rapport n° 40, du 28 avril 1873; dépêche du chancelier de l'Empire n° 49, du 22 avril 1873; dépêche n° 66, du

13 mai 1873, tous documents relatifs au différend politico-ecclésiastique.

» Je prie Votre Excellence de dire ce que sont devenus ces documents. »

LETTRE
Du 19 juin 1874
DU COMTE D'ARNIM AU MINISTÈRE DES AFFAIRES ÉTRANGÈRES.

« Carlsbad, le 19 juin 1874.

» En réponse à la lettre du 15 juin, je ferai seulement remarquer que les papiers qui y sont mentionnés ne font pas partie des documents de l'ambassade. Ils ont rapport à la conversation que j'ai eue avec M. Thiers et ont le caractère de conversations particulières et intimes, et je pense, comme par le passé, que cette conversation n'était pas destinée à être connue de chaque chef intérimaire ou réel de l'ambassade. Le ministère des affaires étrangères paraissant être d'une autre opinion, je lui enverrai le plus tôt possible les documents en question.

» *Signé :* D'ARNIM. »

DÉPÊCHE
Du 20 juin 1874
DU MINISTÈRE DES AFFAIRES ÉTRANGÈRES A M. LE COMTE D'ARNIM.

« Berlin, le 20 juin 1874.

» Le ministère des affaires a reçu la lettre que vous avez bien voulu lui adresser à la date du 19 courant touchant les documents qui manquent dans les archives de l'ambassade. Afin que l'on puisse prendre les mesures nécessaires à la sécurité du service du ministère, en présence de votre déclaration, d'après laquelle vous considérez comme des correspondances particulières quelques-uns des rapports politiques officiels et les instructions officielles du chancelier de l'Empire qui se rattachent à ces rapports, le ministère des affaires étrangères prie Votre Excellence de déclarer si vous avez encore conservé des documents relatifs à vos anciennes fonctions, autres que ceux qui sont mentionnés dans la dépêche du 15 courant.

» Pour éviter les mesures judiciaires qui pourraient être prises, Votre Excellence est priée de restituer immédiatement les documents au ministère des affaires étrangères. »

LETTRE N° 286

Du 20 juin 1874

DU COMTE D'ARNIM A M. DE BULOW.

« Carlsbad, le 20 juin 1874.

» J'ai eu l'honneur de recevoir la lettre du 28 mai de Votre Excellence. Je n'hésite pas à m'expliquer touchant les faits relatés dans cette lettre, bien que je n'aie pas ici tous mes papiers, dont quelques-uns pourraient se rattacher à cette affaire.

» L'assertion de M. de Wesdehlen, d'après laquelle Beckmann aurait reçu directement de l'ambassade impériale la note publiée par l'*Écho du Parlement,* n'est pas exacte dans cette forme. J'ai envoyé à Beckmann, lorsque j'étais en congé en Poméranie, une note non revêtue de ma signature, que je le priai de faire reproduire d'une manière quelconque par la presse. J'ai mis moi-même la lettre à la poste à Passewalk.

» Il n'est donc pas tout à fait vrai que la note en question lui ait été remise directement par l'ambassade impériale. M. de Wesdehlen était alors à la tête de l'ambassade ; ce n'était pas moi qui la dirigeais. Je ferai en outre remarquer que Beckmann, qui m'était adjoint comme secrétaire particulier et qui était payé pour cela, était le seul intermédiaire propre aux affaires de ce genre. Mais je ne lui ai pas donné l'ordre d'aller à Bruxelles et de donner à l'affaire, par sa manière d'agir, une importance qu'elle n'a pas réellement. Je tenais seulement à produire un certain effet à Paris. Je me rappelle aussi que Beckmann n'a pas laissé la note comme je la lui avais envoyée ; je me souviens que la façon dont il a rempli cette mission m'a fait une impression très-désagréable. J'ajouterai que j'avais l'intention de donner ma démission à S. M. l'empereur aussitôt que l'évacuation aurait été terminée. Il était seulement faux que je l'eusse déjà donnée. On a commis une erreur à ce sujet ; je crois que c'est Beckmann qui l'a commise.

» La phrase finale, concernant la nomination d'un consul à la place d'un ambassadeur, était, comme tout le monde l'a compris à Paris, un avertissement aux Français, qui, à cette époque-là, prouvaient encore fréquemment leur patriotisme en faisant, contre l'ambassadeur d'Allemagne, des démonstrations inconvenantes.

» Je dois faire remarquer, à ce sujet, que les Français eux-mêmes ont alors déclaré à Paris, à plusieurs reprises, que nommer des ambassadeurs à Berlin et à Paris était agir avec trop de précipitation. On disait que de simples chargés d'affaires auraient suffi des deux côtés pour la durée de l'occupation, et l'on exprimait l'opinion qu'il serait plus facile à un chargé d'affaires allemand d'entretenir de bonnes relations avec la société française.

» J'ai répondu plus d'une fois à cette occasion que, s'il

s'agissait de retirer l'ambassadeur pour des motifs sociaux, la présence d'un chargé d'affaires ne serait pas plus admissible, parce que dans ce cas il faudrait agir avec la France comme avec les pays d'outre-mer, où les affaires sont confiées à des consuls.

» La note qui a paru dans l'*Écho du Parlement* est l'expression de cette pensée. Personne n'a compris autrement cette question, comme j'ai pu fréquemment m'en convaincre, et elle n'a pas non plus manqué son but. La situation en général était telle, que des moyens extraordinaires durent être employés. Ils répondaient à la tactique que M. le chancelier de l'empire avait adoptée et qu'il a suivie, du reste, jusque dans ces derniers temps.

» Il n'est plus tout à fait facile maintenant de se représenter les circonstances comme elles étaient alors, qu'elles firent naître la nécessité d'envoyer une douche d'eau froide aux Français. Cette opinion était encore partagée complétement en septembre 1873 par le prince-chancelier, précisément pour le cas en question. M. de Holstein m'écrivit de Varzin, où il exerçait les fonctions de secrétaire du chancelier de l'empire, probablement sur les ordres de ce dernier, qu'il y avait été demandé par un télégramme si la reproduction de l'article par des feuilles de Berlin vous serait agréable. M. de Holstein me disait : « Le duplicata était signé Albert, probablement Beckmann. » Il ajoutait que le chancelier de l'Empire avait approuvé la reproduction par les journaux de Berlin, et dit en outre qu'il y avait des situations où l'on devait traiter comme des sauvages des nations en apparence civilisées, en leur envoyant un subrécargue ; tout cela peut encore se faire. Le ministère des affaires étrangères m'avait adressé en même temps une note officielle sur cette question, note qui se trouve sans doute dans les actes de ce ministère. Par suite du deuil survenu dans la famille du comte Wesdehlen, je fus obligé de retourner à la hâte à Paris pour une quinzaine, dans les derniers jours de septembre.

» A Paris, Beckmann m'apprit de quelle manière il avait suivi mes ordres. Je lui répétai que j'en avais été désagréablement affecté. Pour atténuer autant que possible l'impression produite et la ramener à sa juste mesure, j'invitai Beckmann à démentir avant tout que l'entrefilet de Bruxelles eût la moindre signification officielle. En conséquence, il fit passer dans plusieurs journaux de Paris et dans le *Paris-Journal,* je crois, une note portant que la nouvelle à sensation de Bruxelles émanait d'un Allemand mécontent. La note de Beckmann demeura sans effet, et il n'en fut plus question. Il ressort de la phrase finale de l'extrait de mon rapport du 1ᵉʳ octobre, que je croyais écrire à quelqu'un qui fût au courant de l'affaire, quoique j'évitasse de m'expliquer trop clairement, afin que le copiste de la chancellerie et les employés du ministère des affaires étrangères ne comprissent pas tout à fait ce que je voulais dire. Mais comme il ne m'a pas été communiqué de copie intégrale, je ne puis en dire davantage à ce sujet. Vers le milieu d'octobre, je quittai Paris de nouveau et me rendis à Bade, où Sa Majesté me fit la faveur de me recevoir. Sa Majesté me dit : « Vous avez donné votre démission, et je n'en sais rien ! » Je répondis à Sa Majesté : « Ce n'était qu'un avis au lecteur, qui m'a paru opportun. » Sa Majesté reprit : « Il faut espérer qu'il fera son effet » , et parla ensuite d'autre chose.

» *Signé :* D'ARNIM. »

· LETTRE

Du 21 juin 1874

DU COMTE D'ARNIM AU MINISTÈRE DES AFFAIRES ÉTRANGÈRES.

« Carlsbad, le 21 juin 1874.

» J'ai l'honneur d'accuser réception à Votre Excellence de sa lettre du 20 courant. Il n'est pas entré dans ma pensée de vouloir considérer les dépêches et les rapports comme une correspondance privée. Les seuls documents auxquels j'attribue ce caractère sont les dépêches n° 141 et n° 142 du 11 juin 1872 et la dépêche n° 152 du 22 juillet. Ces dépêches ont été adressées à moi personnellement et j'avais le droit de les tenir secrètes et de n'en commmniquer à personne le contenu. C'est pourquoi je les ai constamment gardées par devers moi. J'ai agi de même touchant les dépêches de 1873. C'est sur la requête du chancelier de l'Empire qu'elles sont devenues accessibles au comte de Wesdehlen. On m'a posé la question de savoir si je suis autorisé à remettre, en partant, ces documents au prince de Hohenlohe. J'ai répondu négativement, par ce motif que les discussions engagées au sujet de l'élection du prochain conclave doivent être considérées comme terminées et qu'il n'existait aucune raison de divulguer ce secret. Je pensais aussi que le prince de Hohenlohe, en sa qualité de catholique et de frère d'un cardinal, pourrait s'offusquer de certaines expressions qui se trouvent dans les rapports. Toutefois, je n'ai jamais mis en doute le caractère officiel des susdits rapports et correspondances. Il ne m'est jamais venu à l'esprit de vouloir les garder en ma possession. Mes doutes ne portaient que sur la question de savoir si ces documents devaient demeurer à Paris et être remis au prince de Hohenlohe. Je me suis déterminé

à les rendre à mon retour. Comme il me paraissait dangereux de confier ces documents à la poste, j'ai chargé mon
fils de les porter à Votre Excellence. Quant à la question
de savoir si d'autres documents officiels ont été retenus, je
me réserve de répondre demain sur ce point. Si je trouve
encore quelque chose, je l'expédierai en même temps à
Votre Excellence.

> » *Signé* : D'ARNIM. »

LETTRE

Du 23 juin 1874

DU COMTE D'ARNIM AU MINISTÈRE DES AFFAIRES ÉTRANGÈRES.

> « Carlsbad, le 23 juin 1874.

» J'ai l'honneur d'envoyer à Votre Excellence la clef
d'un carton qui appartient au ministère des affaires étrangères et qui contient tous les documents qui se rattachent
à mes fonctions officielles. Je prie Votre Excellence de
donner quittance au porteur des documents désignés dans
la liste qui vous sera remise en même temps.

> » *Signé :* D'ARNIM. »

LETTRE

Du 24 juin 1874

DU COMTE D'ARNIM AU MINISTÈRE DES AFFAIRES ÉTRANGÈRES.

> « Carlsbad, le 24 juin 1874.

» J'ai l'honneur de faire savoir à Votre Excellence que
j'ai retrouvé, en dehors des pièces relatives à l'élection
pontificale, une dépêche du chancelier de l'Empire concernant les émissaires. Je ne possède aucune autre pièce

administrative que je doive restituer au ministère des affaires étrangères.

» Toutes les pièces arriveront probablement à Berlin vendredi.

» *Signé :* D'ARNIM. »

RAPPORT

Du 26 juin 1874

DU PRINCE DE HOHENLOHE, AMBASSADEUR D'ALLEMAGNE A PARIS.

« Paris, le 26 juin 1864.

» Ensuite d'une dépêche du 13 courant, n° 301, j'ai fait rechercher et collectionner avec le journal tous les actes de teneur politique. Il résulte de cette enquête que des documents de 1872, 1873 et 1874 manquent. Je mentionnerai, en outre, parmi les documents absents, les dépêches n° 49 du 23 avril 1873, n° 66 du 23 mai 1873. D'après les déclarations de M. le conseiller d'ambassade de Wesdehlen, les dépêches remises par le comte d'Arnim au comte de Wesdehlen n'ont pas été inscrites dans le journal par ce motif qu'il ne voulait pas les enregistrer comme documents secrets. D'ailleurs le comte de Wesdehlen n'avait jamais entendu parler d'un journal secret, et il ne s'est pas cru autorisé à agir contrairement à la volonté expresse de l'ambassadeur. Le comte de Wesdehlen n'a pu fournir aucun renseignement sur les documents absents. Il s'est borné à déclarer qu'il avait fait placer dans l'armoire tous les documents remis au comte d'Arnim. Voilà tout ce que je sais au sujet des pièces disparues, mais je ne crois pas que nous devions renoncer à l'espoir d'en retrouver une partie. Il est possible que plusieurs dépêches politiques aient été consignées dans les actes de la chancellerie de l'ambassade

et qu'on les y retrouve : mais le dépouillement de toutes
les archives de l'ambassade exigerait un temps considérable.

» *Signé :* Prince DE HOHENLOHE. »

» A ce rapport est jointe une longue liste qui indique
comme manquant dans le journal politique quatre-vingt-
six pièces, parmi lesquelles figurent, outre celles mentionnées dans l'acte d'accusation, une dépêche n° 46, de
l'année 1872, relative à Wiesner, légionnaire guelfe; une
dépêche n° 94, de l'année 1872, relative à X..., uhlan ;
une dépêche n° 249, de 1872, concernant la nomination
du comte de Wesdehlen au poste de chargé d'affaires à
Rome; une dépêche n° 79, de 1873, relative à des dommages-intérêts envers le nommé Kraft; une dépêche n° 155,
de 1873, concernant des dommages-intérêts envers trois
Allemands de Lunéville; une dépêche n° 30, de 1873, relative au départ de l'ambassade japonaise; une dépêche
n° 150, 1873, touchant une violation de la frontière, près
de Thionville, par des uhlans prussiens; une dépêche
n° 29, de 1874, relative à la délimitation des diocèses de
l'Alsace-Lorraine. Il est ensuite question d'un grand nombre de rapports qui se trouvent en double expédition.

DÉPÊCHE

Du 6 juillet 1874

DE M. DE BULOW AU COMTE D'ARNIM.

« Berlin, le 6 juillet 1874.

» Depuis que Votre Excellence a envoyé au ministère
des affaires étrangères, par l'intermédiaire du comte d'Arnim-Schlagenthin, quatorze dépêches ou brouillons de rap-

ports pris dans les archives de l'ambassade d'Allemagne à
Paris, M. le prince de Hohenlohe, ambassadeur audit
poste, a fait parvenir au ministère une liste dont vous
trouverez ci-joint copie et dans laquelle sont mentionnés
les documents administratifs qui manquent dans les archives, d'après la comparaison que l'on a faite avec les
numéros du journal de l'ambassade. Il ressort de cette
liste qu'un nombre encore considérable de dépêches et de
rapports politiques, datant des années 1872 à 1874, et d'autres communications relatives aux affaires diplomatiques de
Paris ne sont pas inscrits au journal de l'ambassade et
manquent dans les archives. On a complété, autant que
cela était encore possible, l'indication du contenu de ces
documents d'après les registres du ministère des affaires
étrangères. Il va sans dire que l'ancien chef de l'ambassade est responsable, plus que toute autre personne, de la
disparition de ces documents. J'invite donc Votre Excellence à vouloir bien faire connaître officiellement ce qu'elle
sait touchant la disparition de ces pièces importantes et, s'il
y a lieu, renvoyer immédiatement au ministère des affaires
étrangères ceux d'entre les documents contenus dans la
liste ci-jointe qui pourraient se trouver encore entre les
mains de Votre Excellence.

» Pour le ministère des affaires étrangères,
» *Signé :* DE BULOW. »

LETTRE

Du 21 juillet 1874

DU COMTE D'ARNIM AU MINISTÈRE DES AFFAIRES ÉTRANGÈRES.

« Nassenhaide, le 21 juillet 1874.

» Je n'ai reçu qu'hier la lettre de Votre Excellence en

date du 6 juillet, et je ne possède, à ma connaissance, aucun document administratif, en dehors de mes papiers privés. Toutefois, je vais faire pratiquer immédiatement des recherches pour retrouver les pièces en question. Je me souviens que les rapports de l'année 74 ont été, le 11 janvier 1874, remis au comte de Wesdehlen, avec d'autres papiers.

« *Signé*: D'ARNIM.»

LETTRE

Du 23 juillet 1874

DU COMTE D'ARNIM AU SECRÉTAIRE D'ÉTAT DE BULOW.

(Privée.)

« Nassenheide, le 20 juillet 1874.

» J'ai eu l'honneur de recevoir le 9 courant la lettre de Votre Excellence en date du 6, comme je me suis déjà empressé de vous le faire savoir. Elle m'inspire d'abord les remarques suivantes. Depuis ma mise en disponibilité, je n'ai plus du tout l'honneur d'avoir des relations officielles avec le ministère des affaires étrangères et avec Votre Excellence. Les obligations qui m'incombent encore par suite de mon ancienne position vis-à-vis de l'Empire se réduisent à celles qui sont prescrites par l'article 23 et les articles 84 à 118 de la loi sur les fonctionnaires de l'Empire. Ces articles ne contiennent rien qui puisse établir des relations officielles entre le ministère des affaires étrangères et moi. Je suis à la disposition de S. M. l'Empereur, et non à la disposition du ministère des affaires étrangères. Je ne puis laisser restreindre mon indépendance par mes relations officielles passées et peut-être futures plus qu'elle n'est restreinte par les lois en vigueur.

13.

Il ressort de ce que je viens de dire que le ministère des affaires étrangères n'est pas en état d'exiger de moi des déclarations officielles. D'un autre côté, je ne suis pas tenu d'en fournir. Je pense même que je n'en ai pas le droit. Je suis cependant responsable de toute déclaration faite par moi, qu'elle soit officielle (bien que je ne sache pas au juste dans quel sens Votre Excellence emploie ce mot) ou qu'elle ne soit pas officielle. Après avoir fait les réserves qui ressortent de ce que je viens d'exposer, je n'hésite aucun instant à répondre à la lettre de Votre Excellence en date du 6 juillet.

» Je vous ferai d'abord très-respectueusement remarquer que je n'ai pas *pris* dans les archives de l'ambassade les papiers que le comte d'Arnim-Schlagenthin a remis au ministère des affaires étrangères. Pour des raisons que j'ai déjà eu l'honneur d'exposer à Votre Excellence, je n'ai jamais mis ces papiers dans les archives. Le mot *pris* peut avoir un sens contre lequel je suis obligé de protester. Je ne puis pas non plus admettre que je sois responsable plus que toute autre personne de l'absence de documents sur lesquels le ministère des affaires étrangères a des droits et qui manquent dans les archives de l'ambassade. La révision des archives, qui semble avoir eu lieu à Paris, a été faite deux mois après mon départ. Quand même le chef de l'ambassade serait responsable de tout papier administratif arrivé à l'ambassade ou expédié par elle depuis plusieurs années, il serait cependant difficile, dans le cas présent, de prouver que les pièces manquantes dont on ne peut retrouver la trace manquaient déjà avant mon rappel. Il y a eu, du reste, tandis que j'étais ambassadeur, différents chargés d'affaires, et il n'est pas impossible, selon moi, que les pièces aient disparu pendant leur gestion. Passant à la liste que Votre Excellence m'a envoyée, je ferai les remarques suivantes touchant les pièces qui y sont désignées :

» *Dépêches du ministère des affaires étrangères datant de l'année* 1872.

» N° 10. Lettre privée du prince de Bismarck, qui m'est parvenue sous couvert particulier. Cette lettre ne se trouve cependant pas parmi les lettres autographes du chancelier d'une époque antérieure.

» N°˙ 17, 18, 34. Je ne puis donner aucun renseignement. Si l'on faisait d'autres recherches, on découvrirait probablement que ces numéros, comme le n° 10, ne sont qu'égarés.

» Le n° 35 était une dépêche du prince de Bismarck, dans laquelle il me reprochait, si je ne me trompe, d'avoir si peu suivi la marche des affaires de mon pays que je prenais la *Gazette de la Croix* pour un organe du gouvernement. Cette dépêche devrait faire partie de mes papiers particuliers ; mais elle ne s'y trouve pas.

» Les n°˙ 76, 91, 94, 99 me sont inconnus.

» Le n° 186 était, si je ne me trompe, une réprimande adressée par l'ambassade à M. XX. M. XX a sans doute cette pièce parmi ses papiers particuliers.

» Les n°˙ 210, 273, 281 me sont inconnus.

» Les dépêches de 1873, n°˙ 15 et 59, me sont aussi inconnues.

» Le n° 157 est adressé par l'ambassade à M. XX, et n'est pas présent à ma mémoire.

» Le n° 295 ferait, d'après mon opinion, partie de mes papiers particuliers, mais ne s'y trouve cependant pas.

» *Dépêches de l'année* 1874. — Les n°˙ 27 et 39 me sont inconnus ; ils sont arrivés en mon absence.

» *Brouillons de rapports politiques de l'année* 1872. —
Le n° 10 m'est inconnu.

» Les n°° 61, 70 ont été expédiés en mon absence par
M. X... de l'ambassade. Je crois que les brouillons sont de
M. Holstein.

» N°° 97, 99, 155, 158. Je suis persuadé que ces pièces
sont égarées à Paris.

» *Brouillons de l'année* 1873. — N°° 13, 21, 24. Je sup-
pôse que ces pièces se retrouveront aussi à Paris.

» Le n° 30 a probablement été expédié sans brouillon.

» Les n°° 131, 132, 133 n'ont été mis parmi mes papiers
que par suite d'une erreur très-regrettable. J'ai l'honneur
de vous renvoyer les pièces en question jointes à cette
lettre.

» Les n°° 105, 150, 156, 151 me sont complétement inconnus.

» *Brouillons de rapports politiques de l'année* 1874. —
Je ne puis donner aucun renseignement sur ces pièces. Il
ne me reste plus qu'à m'expliquer touchant les pièces
suivantes :

» Le n° 96 était une lettre autographe de l'Empereur
contenant une communication à faire à un tiers. Je ne sais
ce qu'elle est devenue.

» Les dépêches n°° 224, 237, 271, 281 de l'année 1872,
ainsi que les n°° 90, 102, 103, 104 de l'année 1873 et les
n°° 2, 6, 14, 33, 68, 69, 74, 93 et 193 me paraissent être
tout à fait personnels. Ce sont des lettres qui se rapportent
à ma nomination à Constantinople et sur lesquelles je puis
baser des réclamations judiciaires pour affaires financières.
De plus, il y a des dépêches qui ont été occasionnées
directement par le conflit qui a surgi entre le chancelier

et moi, si toutefois le conflit n'a pas été occasionné par ces
dépêches. Elles ont pour but de constater que j'ai obéi
dans ma gestion à des tendances opposées à la politique
du chancelier de l'Empire.

» Si l'on a touché dans ces dépêches à des questions politiques, on ne l'a fait que pour motiver certaines accusations que le chancelier de l'Empire dirige personnellement
contre moi et a dirigées contre moi dans d'autres circonstances dont on a pris acte. On peut hardiment affirmer
que beaucoup de ces dépêches n'auraient pas été écrites,
si le chancelier n'avait pas cru que je tentais de créer des
obstacles à sa politique et que je conspirais contre lui avec
une personne unie à l'Empereur par des liens de parenté
aussi étroits que possible. Ce sont là de graves accusations
qui mettent ma réputation en jeu. J'ai besoin, pour ma
défense, de ces pièces, que je considère comme ma propriété
particulière. Elles ne pouvaient être communiquées au personnel de l'ambassade, parce qu'elles étaient propres, par
leur sens et par leur forme, à miner mon autorité. Si le
ministère des affaires étrangères est d'un autre avis, et s'il
demande la restitution de ces documents, il me paraît que
cette simple divergence d'opinion ne suffit pas pour réduire
mes droits à néant.

» Si le ministère des affaires étrangères croit avoir des
droits sur une ou plusieurs de ces pièces, il faudra une
décision judiciaire et un examen de chaque pièce pour résoudre la question. J'essayerais, de mon côté, de faire reconnaître mes droits en portant l'affaire devant un tribunal
civil, si je ne me faisais pas un scrupule de prendre, dès à
présent, l'initiative d'un procès, chose toujours désavanta-
geuse pour le service. Je laisse donc au ministère des
affaires étrangères le soin d'employer les moyens dont il

croit pouvoir disposer pour faire prendre une décision judiciaire conforme à ses désirs.

» Je prie Votre Excellence d'agréer de nouveau l'assurance de ma considération la plus distinguée.

                    » *Signé :* d'Arnim. »

DÉPÊCHE

Du 5 août 1874

DE SECRÉTAIRE D'ÉTAT DE BULOW AU COMTE D'ARNIM.

                    « Berlin , le 5 août 1874.

» La lettre adressée le 20 du mois dernier, comme lettre privée, au secrétaire d'État soussigné, en réponse à la dépêche du 6 juillet, ne peut être acceptée et traitée que comme une lettre officielle. Votre Excellence part du principe que ses relations avec le ministère des affaires étrangères ont tout à fait cessé ; et cette supposition ne s'accorde pas avec la loi sur les fonctionnaires de l'Empire, dont l'application à la question qui nous occupe est toute naturelle et a été, du reste, expressément admise par Votre Excellence. Une ordonnance impériale du 15 mai de cette année a mis Votre Excellence en disponibilité. Votre Excellence est donc obligée, sous peine de se voir privée de ses appointements de demi-solde, d'accepter, aux conditions prescrites par la loi, les fonctions qui pourraient encore lui être confiées par le gouvernement impérial. Avant que des fonctions vous soient confiées dans un autre ressort par l'Empereur et que Sa Majesté vous ait donné votre démission comme fonctionnaire de l'Empire, Votre Excellence reste ce qu'elle était avant sa mise en disponibilité, c'est-à-dire fonctionnaire du ministère des affaires

étrangères, et Votre Excellence demeure, par conséquent,
soumise à la surveillance administrative et au pouvoir
disciplinaire de ce ministère. Quand même Votre Excellence n'aurait pas accepté les appointements de demi-
solde accordés par la loi lors de la mise en disponibilité
et n'aurait pas l'intention de les accepter à l'avenir, le seul
changement qu'auraient subi vos relations avec le ministère des affaires étrangères serait, dans ce cas comme
dans l'autre, que ce ministère aurait renoncé provisoirement aux services de Votre Excellence en vertu d'un ordre
de l'Empereur. Cette manière d'envisager la situation d'un
fonctionnaire de l'Empire mis en disponibilité est admise
dans la théorie comme dans la pratique depuis la promul-
gation de la loi sur les fonctionnaires de l'Empire et mise
hors de doute par la loi elle-même, et en particulier par
les articles 84 à 118 cités par Votre Excellence. S'il était
permis d'avoir le moindre doute, l'article 119 le dissiperait,
parce qu'un fonctionnaire de l'Empire ne peut pas ne pas
être en relation avec l'autorité au pouvoir disciplinaire de
laquelle il est soumis. Je prie Votre Excellence de considérer en outre que les articles 29 à 31 de la loi en question
reconnaissent expressément les fonctionnaires de l'Empire
mis en disponibilité comme *fonctionnaires* à tous les points
de vue. Cette loi ne reconnaît pas plus de fonctionnaires
autres que les *fonctionnaires de l'Empire,* qu'elle ne reconnaît de fonctionnaires non soumis à une autorité responsable vis-à-vis de S. M. l'Empereur. Votre Excellence
dit qu'elle est seulement à la disposition de l'Empereur,
notre auguste souverain, sans être soumise à aucune autorité intermédiaire ; mais en examinant d'une manière plus
approfondie la constitution de l'Empire et celle du royaume
de Prusse, vous vous convaincrez que tout fonctionnaire

est soumis en premier lieu aux ministres responsables, ou
au chancelier de l'Empire. L'autorité avec laquelle le
fonctionnaire de l'Empire mis en disponibilité conserve
ces relations est, jusqu'à ce que l'Empereur en ait décidé
autrement, l'autorité à laquelle le fonctionnaire était soumis précédemment. Le ministère des affaires étrangères
regrette d'être forcé d'ajouter qu'il y a encore une autre
raison qui empêche légalement Votre Excellence de considérer son indépendance comme non restreinte par ses anciennes relations avec le ministère. Lorsque Votre Excellence a quitté l'ambassade qui lui était confiée, elle n'a pas
cru nécessaire d'en remettre les archives au chargé d'affaires
intérimaire et d'établir par là que ces archives avaient été
remises par vous d'une manière aussi complète et aussi régulière que l'exigeaient vos devoirs. Vous demeurez donc,
d'après les principes juridiques généralement admis, responsable vis-à-vis du ministère des affaires étrangères des
archives qui vous ont été confiées par l'Empereur dans
l'exercice de vos fonctions, et vous avez à rendre compte
de ces archives. A la suite de la sommation qui a été adressée à Votre Excellence lorsqu'on a découvert pour la première fois l'absence de documents importants, Votre Excellence a restitué les documents alors désignés, et vient
encore d'en restituer quelques-uns : mais Elle prétend, d'un
autre côté, que les dépêches politiques nᵒˢ 224, 239, 271,
281 de l'année 1872, nᵒˢ 90, 102, 103, 104 de l'année 1873,
et nᵒˢ 2, 6, 14, 33, 68, 69, 74, 93, 193 de l'année 1874,
sont des papiers personnels et appartenant à Votre Excellence. Cette assertion et celle d'après laquelle les tribunaux
civils pourraient trancher la question ne s'accordent ni
l'une ni l'autre avec les lois applicables à cette affaire. En
cas de doute touchant les pièces qui appartiennent à des

archives administratives, ce n'est pas le fonctionnaire auquel elles sont confiées, mais l'autorité supérieure vis-à-vis
de laquelle ce fonctionnaire était et demeure responsable
de la façon dont il les a gérées, qui a le droit de trancher
la question. Les papiers ayant une origine et une forme
administrative et constituant par leur contenu des correspondances relatives aux affaires et aux devoirs administratifs, ne sont pas des papiers personnels, mais des pièces
administratives, et font par conséquent partie des archives.
Dans le cas qui nous occupe, ce caractère est d'autant
moins contestable que les pièces ci-dessus sont numérotées,
c'est-à-dire désignées dans un ordre déterminé, comme des
pièces administratives pour l'expéditeur comme pour le
destinataire. Ces considérations sont si simples que le ministère des affaires étrangères n'accepte pas pour le moment les motifs allégués par Votre Excellence et se borne
à vous faire remarquer qu'il est permis dans certaines circonstances à un chef d'ambassade de tenir quelques pièces
secrètes à cause de leur nature politique ou autre, mais
que cette autorisation cesse dès qu'il perd son caractère
officiel, et qu'il viole ses devoirs de fonctionnaire en ne re-
mettant pas les archives à son remplaçant ou à son successeur. Par conséquent, si l'on peut prouver par les
registres du ministère et de l'ambassade et par les déclarations des fonctionnaires, et si, d'un autre côté, Votre Excellence reconnaît en partie que les papiers qui manquent
encore ont été pris dans les archives de l'ambassade ou
même n'y ont jamais été mis, c'est-à-dire ont été tenus
éloignés de ces archives. Votre Excellence reconnaîtra, en
examinant l'affaire plus attentivement, que sa conduite est
faite pour occasionner, non-seulement une enquête disciplinaire, mais aussi une enquête de la justice criminelle.

En ce qui concerne un procès devant les tribunaux civils,
il ressort des prescriptions de la loi prussienne touchant la
compétence des autorités judiciaires et administratives,
applicables dans ce cas d'après l'article 19 de la loi sur les
fonctionnaires de l'Empire, qu'une décision du juge touchant
le droit de propriété relativement aux documents en question est absolument impossible. Par contre, l'acte par
lequel les documents administratifs ont été tenus éloignés
des archives ou pris dans les archives de l'ambassade,
comme dans le cas présent, où cet acte continue malgré les
sommations de l'autorité, peut motiver l'enquête disciplinaire prévue par la loi sur les fonctionnaires de l'Empire
et applicable aux fonctionnaires en disponibilité. En outre,
d'après les prescriptions du code pénal allemand, un fonctionnaire est coupable lorsqu'il fait disparaître un document qui lui a été confié officiellement (art. 348) ou qu'il
détourne de l'argent ou d'autres objets (art. 350). Quand
même on ne saurait pas au juste si les dépêches ou pièces
d'une ambassade sont des documents dans le sens techni-
que du mot (ce qu'admet le tribunal supérieur du royaume
de Prusse), il est évident, d'après les articles 133 et 246
de la loi ci-dessus mentionnée, que tout objet confié à un
fonctionnaire doit être rangé parmi ceux dont le détournement le rend coupable. Par conséquent, si la culpabilité
de détournement de papiers est établie au point de vue ob-
jectif, Votre Excellence est responsable, non pas devant
le tribunal civil, mais devant la justice criminelle, de
n'avoir pas fait la remise complète des archives qui lui
ont été confiées. En faisant remarquer à Votre Excellence que M. le chancelier de l'Empire se réserve à tous
les points de vue de prendre une décision touchant les mesures auxquelles il sera nécessaire de recourir en cette

occasion, le ministre des affaires étrangères accuse à Votre Excellence réception des brouillons déjà mentionnés des rapports politiques de Paris, n°ˢ 131, 132, 133, de l'année 1873.

> » Le secrétaire d'État au ministère des affaires étrangères.

> » *Signé :* DE BULOW. »

LETTRE

Du 11 août 1874

DU COMTE D'ARNIM AU MINISTÈRE DES AFFAIRES ÉTRANGERES.

« Nassenbeide, le 11 août 1874.

» J'ai eu l'honneur de recevoir la lettre de Votre Excellence, en date du 5 août, que j'ai trouvée hier en arrivant ici. Je n'y répondrais pas si je n'avais pas de raisons pour ne laisser naître aucun doute sur ma situation dans cette affaire. Votre Excellence a cru devoir considérer et traiter ma lettre privée comme une lettre officielle. Je ne puis empêcher Votre Excellence d'agir ainsi, mais j'ai l'honneur de lui déclarer que cela ne peut rien changer à la nature de nos relations. Je continue, au contraire, à soutenir que je ne suis plus subordonné au ministère des affaires étrangères.

» Les fonctionnaires de l'Empire mis en disponibilité constituent une catégorie de personnes qui, vu leurs anciennes fonctions et les fonctions qu'elles peuvent encore être appelées à remplir, sont vis-à-vis de l'Empire dans la situation indiquée exactement par la loi du 31 mars 1873. En dehors des limites indiquées par cette loi, ces personnes sont complétement libres de leurs actions, ce qui ressort surtout de l'article 119. Votre Excellence s'appuie

sur cet article pour prouver que mon opinion n'est pas
fondée; mais je pense que, lorsqu'on interprète exactement
l'article 119, on doit reconnaître que mes rapports officiels
avec le ministère des affaires étrangères sont complétement
suspendus, et que tout pouvoir disciplinaire du ministère
des affaires étrangères a cessé vis-à-vis de moi. L'article 119 porte que les articles 84 à 118 sont aussi applicables aux fonctionnaires de l'Empire mis en disponibilité;
mais les articles 72 à 83 ne leur sont pas du tout applicables. Ce sont là les seuls articles qui donnent à l'autorité
supérieure le moyen d'exercer son pouvoir disciplinaire.
La loi disciplinaire prussienne est, à ce point de vue, plus
défavorable aux fonctionnaires, et je crois que le changement introduit dans la loi de l'Empire a pour but de pro-
téger, après leur mise en disponibilité, les fonctionnaires
de l'Empire contre les persécutions que leurs anciens su-
périeurs pourraient leur faire subir.

» Votre Excellence cherche à prouver l'inexactitude de
mon opinion, en prétendant que l'autorité avec laquelle le
fonctionnaire mis en disponibilité continue à avoir ces
relations, est l'autorité à laquelle le fonctionnaire était
subordonné précédemment. Cette assertion est en contradiction avec les prescriptions très-claires de la loi, et j'ai à
peine besoin de faire remarquer combien il serait, par
exemple, difficile de trouver une autorité supérieure pour
un chancelier de l'Empire mis en disponibilité. D'après les
prescriptions de la loi sur les fonctionnaires de l'Empire, le
pouvoir disciplinaire peut aussi être exercé contre le fonctionnaire mis en disponibilité; cela ne crée pas entre l'autorité de l'Empire en question et le fonctionnaire de l'Empire, des relations comme celles qui existent entre un
supérieur et un subordonné. Tel est l'état des choses, bien

que le ministère des affaires étrangères croie pouvoir faire
valoir vis-à-vis de moi des droits qui existaient à l'époque
où j'étais encore au service ; car, lors même que je serais
un fonctionnaire mis à la retraite, le ministère des affaires
étrangères aurait toujours le droit de faire valoir ses réclamations par la voie judiciaire. Quant aux autres déductions juridiques renfermées dans la lettre de Votre Excellence, en date du 5 courant, je puis seulement déclarer
que je ne les considère pas comme exactes.

» Mais je renonce à toute polémique, parce que je n'ai
aucun intérêt à éviter une enquête disciplinaire ou même
une enquête de la justice criminelle.

» J'ai l'honneur de réitérer à Votre Excellence l'assurance de ma considération la plus distinguée.

» *Signé :* D'ARNIM. »

RÉSUMÉ DES DÉBATS

Le Tribunal est ainsi composé :

Président : M. REICH.

Assesseurs : MM. D'OSSOWSKI et GIERSCH.

Juge suppléant : M. SCHENK.

Ministère public : M. TESSENDORFF.

Défenseurs du prévenu : MM⁰ˢ MUNKEL, de Berlin ; — DOCKHORN, de Posen ; — HOLTZENDORFF, de Munich.

AUDIENCE DU 9 DÉCEMBRE.

Le président ouvre les débats par une courte allocution, traitant de la question du huis clos. Le tribunal, après avoir entendu le ministère public et en avoir délibéré, décide que les débats seront publics et que le huis clos ne sera prononcé que pour les dépêches se rapportant au conflit ecclésiastique, dépêches visées dans le paragraphe 1ᵉʳ de l'acte d'accusation [1].

Il est procédé à l'interrogatoire préliminaire du pré-

---

[1] Néanmoins le *Reichsanzeiger,* organe officiel de l'Empire, a publié, à la date du 29 décembre 1874, une des pièces dont la lecture a eu lieu à huis clos. (Voir dépêche du 14 mai 1872, relative à l'éventualité d'une élection pontificale).

14

venu. Le comte d'Arnim reconnaît qu'il possède une maison à Berlin, mais il a soin de constater qu'il ne l'habitait pas depuis qu'il était ambassadeur, et qu'il n'avait à Berlin qu'un pied-à-terre chez sa belle-mère. En d'autres termes, le prévenu tient à établir que son domicile n'était pas à Berlin. Ce détail est important au point de vue de la question d'incompétence, qui sera soulevée tout à l'heure par la défense.

Il est donné lecture de l'acte d'accusation.

Ici se place le débat sur la question d'incompétence. M⁰ Munckel, l'un des défenseurs du prévenu, nie la compétence du tribunal de Berlin, par ce motif que Berlin n'était pas le domicile réel du comte d'Arnim.

Le ministère public réplique que Berlin n'est pas seulement, en l'espèce, le *forum domicilii*, mais aussi le *forum delicti commissi*.

Finalement, le tribunal, repoussant l'exception d'incompétence, retient la cause.

Le président, après avoir adressé au prévenu une nouvelle série de questions touchant la discipline administrative et ordonné lecture de plusieurs décrets et règlements y relatifs, procède à l'interrogatoire des experts.

L'expert Kœnig dépose qu'il est de règle :

1° De placer les documents officiels aux archives ;

2° De les enregistrer dans le journal ;

3° De considérer comme officielles toutes les pièces émanant d'autorités politiques, y compris les admonitions adressées au chef de service.

L'expert Roland constate que, dans le bureau central du ministère des affaires étrangères, tous les documents qui arrivent ou qui partent sont inscrits dans un journal, avec un numéro d'ordre ; sauf certains rapports confiden-

tiels et destinés à demeurer secrets, lesquels ne passent
point par les mains du chef du bureau central.

Mᵉ Dockhorn, l'un des défenseurs, prend acte de cette
déclaration pour émettre l'avis que le numérotage ou le
non-numérotage d'une pièce n'est pas une circonstance
suffisante pour décider la question de savoir si cette pièce
doit être ou ne pas être portée aux archives.

AUDIENCE DU 10 DÉCEMBRE.

Séance du matin.

Lecture de diverses pièces relatives à l'enquête ouverte
sur les documents disparus.

Lecture des dépêches et rapports diplomatiques concernant les relations entre la France et l'Allemagne (série
nᵒ 2 de l'acte d'accusation).

Séance du soir.

Le débat s'engage sur les pièces de la série nᵒ 3, au sujet desquelles le président interroge le prévenu. Celui-ci
répond que ses souvenirs ne lui fournissent aucune indication précise. A l'époque de son rappel, obligé de quitter
Paris dans des circonstances pour lui douloureuses, — il
venait de perdre sa fille, — le comte d'Arnim est parti
précipitamment, sans avoir eu le loisir de mettre ses archives en ordre. Il est possible que plusieurs pièces aient
été égarées, par suite de la distribution défectueuse et de
l'insuffisance des locaux de l'ambassade, ou pour toute
autre raison. Dans le système du prévenu, il est difficile de
savoir sur qui retombe la responsabilité de la disparition
de ces documents.

14.

Il 'est procédé à l'interrogatoire des témoins de Wesdehlen, Hammerdœrffer et Hœhne.

Le comte de Wesdehlen, conseiller d'ambassade, dépose que les dépêches reçues étaient inscrites dans un journal spécial, avec un numéro d'ordre. Il en était de même des rapports expédiés. Le numérotage était de règle. Toutefois, il a été, en plusieurs circonstances, dérogé à cette prescription. Répondant à plusieurs questions posées par la défense, le témoin constate, entre autres points, que certaine pièce, considérée comme personnelle au comte d'Arnim, n'a pas été enregistrée dans le journal de l'ambassade ; — que, dès son entrée en fonctions, le prévenu, au su du chancelier de l'Empire, avait en sa possession une série de pièces dont il avait la clef ; — que maintes fois, le prévenu s'est dessaisi temporairement de la clef des archives, qu'il remettait, pour les besoins du service, soit à Hammersdœrffer, soit à un autre employé de la chancellerie de l'ambassade ; qu'enfin le prévenu n'a point assisté à l'emballage de ses papiers.

M. Hammersdœrffer, directeur de la chancellerie de l'ambassade, constate qu'il était chargé de la tenue de deux journaux, l'un politique, l'autre secret. L'enregistrement des documents n'avait pas lieu au fur et à mesure de leur réception, mais collectivement, chaque fois que le prévenu en remettait un certain nombre au témoin. Ces documents étaient ensuite déposés dans une armoire.

M. Hœhne, consul d'Allemagne à Marseille, a remplacé M. Hammersdœrffer pendant un certain temps. Le témoin assistait à l'enquête qui a eu lieu au sujet des pièces disparues. Il constate que, pendant sa présence à l'ambassade, l'enregistrement des documents politiques a été opérée d'une façon régulière.

AUDIENCE DU 11 DÉCEMBRE.

Séance du matin.

Il est procédé à l'interrogatoire de M. von Scheven, secrétaire à l'ambassade de Paris.

Le témoin dépose sur les faits relatifs à la tenue des journaux de l'ambassade. Il constate que les inscriptions des dépêches dans les journaux se faisaient tous les quatre ou cinq jours. Il ajoute que c'est par le comte de Holstein qu'il a eu connaissance pour la première fois de l'absence de certains documents. Répondant à une question posée par la défense, le témoin déclare ne rien savoir au sujet de la mission que M. de Holstein aurait reçue du ministère des affaires étrangères de surveiller le prévenu et d'adresser sur sa conduite des rapports suivis, soit au ministre des affaires étrangères, soit à un autre personnage haut placé.

Il est procédé à l'interrogatoire de M. Gasperini, directeur de la chancellerie à l'ambassade de Paris.

Le témoin dépose que le local des archives était souvent encombré de ballots de journaux et que beaucoup de personnes traversaient cette salle, soit pour aller chez l'ambassadeur, soit pour sortir de chez lui. De là résulte, au point de vue de la défense, l'hypothèse que plusieurs des papiers disparus ont pu être égarés par les garçons de bureau chargés de ranger les journaux, ou soustraits par les personnes étrangères qui avaient accès dans le local des archives.

Il est donné lecture de plusieurs documents concernant les relations du prince Orloff avec le gouvernement de M. Thiers, la situation et le caractère de la *Gazette de la Croix,* la nomination du cardinal Hohenlohe à Rome, la

situation des nationaux allemands en France, l'incident de
madame de Rothschild, la politique intérieure de la
France, etc.

Séance du soir.

Il est donné lecture des documents relatifs aux publications faites par le prévenu dans divers journaux, notamment dans l'*Écho du Parlement* de Bruxelles, et dans la
Presse de Vienne. Le prévenu argue qu'on s'est beaucoup
exagéré l'importance de ces publications, dont il regrette
d'ailleurs quelques-unes, par ces motifs qu'elles sont le
résultat d'un malentendu. Le tribunal entend sur le fait
particulier des révélations publiées dans la *Presse* de
Vienne les dépositions de M. Braun, éditeur de la *Presse*
de Vienne, et de M. Zehlicke, rédacteur du même journal.
Ce dernier déclare que la publication a eu lieu à l'instigation du comte d'Arnim.

Sur le fait de la publication de la note de l'*Écho du
Parlement*, M. de Bülow, secrétaire au ministère des
affaires étrangères, dépose que, dans sa conviction, le prévenu a agi de bonne foi, — *bonâ fide.* Le témoin Landsberg se déclare l'auteur de l'envoi de cette note à la *Presse*
de Vienne. Interrogé sur l'origine de cette note et sur
les relations personnelles du prévenu avec le témoin,
celui-ci refuse de répondre.

AUDIENCE DU 12 DÉCEMBRE.

Séance du matin.

Il est procédé à l'interrogatoire du témoin Pick, inspec-
teur de police. Le sieur Pick rend compte de la perquisi-

tion qui a été, le 14 octobre, opérée par ses soins au domicile du comte d'Arnim. Interrogé sur les relations qui existaient entre un sieur Murray et l'homme d'affaires de M. d'Arnim, le témoin déclare ne pas connaître Murray. Il ignore également d'où il est. Le témoin sait seulement que Murray a logé pendant une quinzaine de jours à l'hôtel de Rome.

Le témoin de Wesdehlen, rappelé, dépose que le docteur Landsberg lui a parlé des révélations publiées par la *Presse* de Vienne, en donnant à entendre que ces révélations provenaient du comte d'Arnim, et qu'elles avaient été, de la part de ce dernier, communiquées au susdit journal.

Le témoin Landsberg, homme de lettres à Paris, reconnaît qu'il est possible que le comte de Wesdehlen ait inféré de ses paroles que les révélations provenaient du comte d'Arnim.

Toutefois, le témoin n'avait, sur ce point, articulé aucune affirmation positive.

Sur l'ordre du président, le greffier reprend la lecture des documents concernant la communication publiée par l'*Écho du Parlement,* et les révélations publiées par la *Presse* de Vienne.

Interrogé à ce sujet, le comte d'Arnim reconnaît que les documents, y compris un *pro-memoriâ* daté de Rome, 17 juin 1870, émanent de lui; mais il refuse de déclarer le nom de la personne à laquelle étaient adressées les lettres concernant le concile du Vatican. Le prévenu se borne à affirmer qu'aucune de ces lettres n'était adressée à Mgr Hefele, évêque de Rothembourg. Il est donné lecture de la correspondance échangée à ce sujet entre le prévenu et le ministre des affaires étrangères.

Suit la lecture de plusieurs papiers saisis à Nassenheide,
au domicile du prévenu, et concernant les relations du
comte d'Arnim avec le docteur Landsberg et les journa-
listes Lauser et Wallner.

L'audience se termine par la lecture de la dépêche
du 9 janvier 1873, par laquelle M. de Bismarck invite le
comte d'Arnim à adresser désormais au ministère des
affaires étrangères, qui les transmettra à leur adresse, s'il
y a lieu, les communications que l'ambassadeur d'Allemagne croirait avoir à faire aux journaux.

Séance du soir.

Dans l'audience de relevée, les débats ont eu lieu à huis
clos. Ils ont porté sur les pièces relatives au conflit poli-
tico-religieux. Il a été donné lecture des treize documents
de la série n° 1, documents que le prévenu reconnaît avoir
emportés, mais qu'il a restitués depuis.

AUDIENCE DU 14 DÉCEMBRE.

Séance du matin.

Le président annonce qu'il va être procédé à l'interrogatoire de M. de Holstein, secrétaire à l'ambassade d'Allemagne à Paris.

M. Dockhorn, l'un des défenseurs, tient à rectifier une
assertion qui lui a été attribuée. Il n'a point voulu dire que
M. de Holstein avait pour mission d'espionner et de surveiller le comte d'Arnim, mais que M. de Holstein avait,
de son propre mouvement, et à l'insu du comte d'Arnim,
adressé sur ce dernier des rapports qui ont envenimé le
conflit entre le chancelier de l'Empire et le prévenu.

M⁰ Dockhorn ajoute que l'accès des archives était ouvert à
M. de Holstein; toutefois, la défense n'argue point que
M. de Holstein ait enlevé des papiers.

Le témoin de Holstein est introduit. Nous croyons devoir, à raison de son importance, reproduire intégralement
sa déposition.

LE PRÉSIDENT. Le prévenu allègue qu'en décembre 1872
ou 1873, vous lui auriez avoué que vous adressiez à son
insu des rapports sur lui au chancelier de l'Empire, rapports qui auraient contribué à aggraver considérablement
les divergences de sentiment qui existaient déjà entre
le chancelier et le prévenu.

LE PRÉVENU. Ces rapports n'étaient pas adressés au
prince-chancelier, mais à des personnes qui probablement
faisaient partie de l'entourage du chancelier.

LE TEMOIN DE HOLSTEIN. Je n'ai jamais adressé de rapports au prince de Bismarck ni à personne.

LE PRÉSIDENT. Aucun?

LE TÉMOIN. Jamais je n'ai eu ni reçu la mission d'adresser à qui que ce soit des rapports quelconques. Ainsi que
tout homme de mon âge et de ma condition, j'ai eu des
correspondances avec des personnes de ma connaissance.
Le comte d'Arnim me dit un jour : « Avez-vous des correspondances avec Berlin? » Je lui répondis : « Oui ! » —
« Quelle espèce de correspondances ? » demanda-t-il encore, « est-ce que vous y faites de la politique? »

LE PRÉSIDENT. Vous étiez déjà à Paris en 1871 ?

LE TÉMOIN. J'y étais et j'y suis encore. Je ne puis nier
qu'à cette éqoque nous admirions tous beaucoup le comte
d'Arnim. Je me souviens encore qu'un jour — je crois que
c'était au mois d'avril 1872 — je me trouvais à Berlin,
on attribuait au prince de Bismarck l'intention arrétée

de se retirer, et je fus de ceux qui disaient : « Si le
prince de Bismarck se retire, il ne pourrait avoir de meilleur successeur que le comte d'Arnim. » Je crois même qu'à
cette époque j'ai écrit dans ce sens au comte. Au mois de
septembre 1872, nos relations étaient encore les mêmes,
celles d'un chef de mission avec son secrétaire de légation.
J'en citerai comme preuve la lettre qui, je crois, a été lue
au cours du procès, et que je lui écrivis de Varzin, pour
lui dire que le télégramme de l'*Écho du Parlement* venait probablement de Beckmann, qu'il devait être pris
ironiquement, etc. Ainsi qu'il arrive lorsque les relations sont normales entre le chef et le secrétaire de légation, je lui communiquai des assertions que j'avais entendu émettre par le prince-chancelier sur des affaires de
l'ambassade.

Lorsque je revins à Paris, je m'aperçus que le comte
différait absolument, dans ses opinions politiques, du
prince de Bismarck; je savais que dès le mois de janvier
le prince de Bismarck, se trouvant à Versailles, avait
exprimé l'opinion que, quel que fût le gouvernement de la
France, il pourrait compter sur notre appui, s'il prenait à
sa charge le fardeau de la conclusion de la paix, et s'il en
exécutait les conditions. Ces conditions étaient remplies à
cette époque par le gouvernement de M. Thiers, qui avait
conclu la paix et en avait exécuté jusque-là les clauses.
Je savais que le prince de Bismarck n'avait pas changé
d'avis.

Le prévenu, au contraire, pensait fermement qu'il vau-
drait mieux que la France prît une autre forme de gouvernement. Je combattis souvent ce point de vue, mais
j'acquis bientôt la conviction que le prévenu avait des
idées arrêtées sur ce point. J'eus alors l'impression passa-

gère que cette politique devait avoir pour résultat final de
soulever la question de savoir lequel des deux hommes
d'État dirigerait plus tard les affaires de l'Empire. A mes
yeux, il y avait une différence essentielle entre le fait de
voir le chancelier de l'Empire recevoir un successeur par
l'effet de sa propre volonté ou de quelque événement naturel, et celui de voir le chancelier supplanté par un
autre. J'occupais, depuis quatorze ans, le poste d'attaché
près de M. de Bismarck, et j'avais eu des rapports étroits
avec lui. J'écrivis alors mes impressions à plusieurs personnes de ma connaissance. Plus tard, j'en parlai au comte
d'Arnim lui-même et je lui dis que je désirais obtenir mon
changement. Il me répondit : « Non, je vous en prie, je
ne puis vous faire un crime de cela! » J'étais sorti de cet
entretien avec l'impression que le comte d'Arnim ne s'était
pas très-bien conduit. Cette impression fut confirmée depuis, lorsque j'appris que les relations étaient fort tendues
entre le comte d'Arnim et le chancelier. Le prévenu m'a
accusé d'avoir été la cause de tout le mal, c'est à-dire de
son conflit avec le chancelier. Il suffit de lire les documents qui ont été publiés pour apprécier la valeur de cette
imputation. Les rapports du comte d'Arnim étaient contraires aux vues du chancelier. Au mois de décembre, il
avait appris de M. de Balan que le chancelier maintenait
ses opinions, et il n'en continuait pas moins à rédiger ses
rapports suivant sa propre manière de voir. Je regrettais
alors de ne pas avoir à ma disposition des faits dont j'aurais pu me servir. J'avais en effet la conviction qu'à cette
époque le prévenu avait soustrait des documents d'une
façon quelconque. A partir de ce moment, c'est-à-dire
à partir de janvier 1873, mes relations avec le prévenu
cessèrent complétement. L'entretien dont j'ai parlé plus

haut nous avait laissés dans la situation de gens qui n'ont
plus rien à se dire. Cependant, nous étions souvent
contraints à demeurer seuls ensemble, attendu que le
comte de Wesdehlen se trouvait alors en Italie. On né-
gociait en ce moment pour l'évacuation, et l'on fit à
cette occasion au comte des reproches dont je ne puis
apprécier la valeur. Ce fut la dernière fois que le comte
me chargea d'un travail politique. Cependant le prévenu
partit et demeura absent tout l'été. Je quittai moi-
même Paris et j'arrivai dans le courant de l'automne à
Berlin. Je m'aperçus alors qu'il y avait guerre ouverte
entre le chancelier et lui; on en parlait dans tous les
cercles. Je compris que ma situation entre les deux, pour
les relations officielles, était impossible. Pour d'autres
motifs encore, je voulais demander mon changement.
Mais c'était assez difficile; en outre, des connaissances me
firent observer que j'aurais l'air de vouloir me soustraire
à une situation difficile. Je restai donc, mais avec le ferme
projet de faire en sorte que mes intentions et mes tendances ne pussent être méconnues.

Lorsque je revins à Paris, je me présentai chez le comte
d'Arnim, sans du reste faire aucune allusion à cette circonstance que je ne lui avais pas rendu visite à Berlin; je
ne rendis pas visite à madame la comtesse, à Paris. Je
tins cette conduite uniquement pour montrer clairement
que les relations entre l'ambassadeur et moi devaient
cesser. J'offrais ainsi moi-même, au comte, par mon
manque de politesse, l'occasion de demander et d'obtenir
facilement mon changement. Mes collègues trouvaient
aussi que les choses ne pouvaient durer, et me conseillaient de faire les visites. Je leur répondis : « Non, plutôt
grossier qu'hypocrite ! »

En outre, ce que j'apprenais de temps à autre de ce qui se passait à l'ambassade n'était pas de nature à me faire désirer un rapprochement avec l'ambassadeur. Vers le milieu d'octobre, j'appris que le comte d'Arnim avait dit à M. Beckman : « Je ne donnerai jamais ma démission ; on ne me l'offrira pas non plus, et l'on ne me mettra pas en disponibilité ; car j'ai entre les mains des documents dont la publicité ne serait pas agréable à M. de Bismarck. » M. Beckmann a rapporté ces assertions à plusieurs membres de l'ambassade. J'entendais ces messieurs en parler entre eux ; l'un était le major von Bülow, l'autre, si je ne me trompe, le comte Wesdehlen. Je vis que les choses se compliquaient de plus en plus, et que décidément ma place n'était plus là.

Je ferai observer — et je désire tout particulièrement qu'on veuille bien prendre note de ce fait, qui sera confirmé au besoin par les autres membres de l'ambassade, — qu'à partir du milieu d'octobre jusqu'en mai, époque où le comte quitta Paris, je n'ai plus eu aucun rapport avec lui ni avec sa famille, ni rapports officiels, ni relations sociales, excepté un jour où je m'acquittai auprès de lui, sur le pont Solférino, d'une mission qui d'ailleurs ne demanda pas plus d'une minute ; en dehors de cela, je ne lui ai pas adressé une seule fois la parole pendant tout ce temps. Je ne crois pas qu'il soit possible de se poser plus franchement que je ne l'ai fait vis-à-vis du comte d'Arnim.

Au mois de décembre 1873, M. Landsberg vint un jour chez moi ; je le connaissais depuis que j'étais à Paris ; il rédige une correspondance qui fournit à trente-cinq ou quarante journaux allemands les nouvelles de France.

Le Président. Si M. Landsberg est dans la salle, je le prie de sortir.

M. DE HOLSTEIN. M. Landsberg est très-prudent dans
les nouvelles qu'il publie ; c'est pourquoi on le voyait volontiers à l'ambassade, et on lui donnait souvent des nouvelles, car on savait qu'il ne gâtait jamais rien. Ce jour-là,
il me demanda ce que je pensais de la situation politique et
où nous allions. C'est au moment où les lettres pastorales
des évêques français et les négociations qui s'y rattachaient
avaient causé une certaine inquiétude, surtout dans la
presse française. M. Landsberg ajouta : « Je viens de chez
le comte d'Arnim ; il m'a dit qu'il était convaincu que le
prince de Bismarck désirait la guerre ; que lui, le comte,
considérait une guerre comme un grand malheur, et qu'il
croyait utile d'exhorter à la paix, au moyen de la presse. »
Je dis à M. Landsberg que je ne croyais pas que le prince
de Bismarck désirât une guerre, et M. Landsberg partagea
mon avis. Je ferai remarquer que jusqu'aujourd'hui j'ai
tenu secrètes les assertions de M. Landsberg comme celles
de M. Beckmann ; si je les avais divulguées, il en aurait
sans doute été fait mention déjà au cours de ce procès.

Je considérai cette communication de M. Landsberg
comme fort grave ; il y avait de l'inquiétude dans la presse ; on
craignait en France une agression de l'Allemagne, sans
trop savoir ce que l'Allemagne voulait. Si M. Landsberg
faisait ce dont l'ambassadeur l'avait chargé, n'était-ce pas
constater de source presque officielle que le prince de
Bismarck voulait la guerre ?

J'écrivis donc une lettre, dans laquelle je ne fis du reste
mention ni de M. Landsberg ni de la communication qu'il
m'avait faite ; mais je demandai que la lettre fût communiquée au prince. J'ajoutai aussi — car j'ignorais quel sort
aurait la lettre — que je me trouvais en face du comte en
adversaire non masqué. On ne peut donc m'accuser d'avoir

été un adversaire hypocrite. Je disais dans cette lettre :
« La presse française est en fermentation ; on prétend que
l'Allemagne veut faire la guerre ; le gouvernement français, je crois, ne veut pas d'une guerre, et ne peut pas la
vouloir ; il donnera satisfaction aux réclamations de l'Allemagne, s'il le peut, et si elles sont clairement exprimées. Ce
qui produit une certaine animosité en France, c'est que
les réclamations, au lieu d'être formulées clairement, sont
présentées par pièces et par morceaux ; quand on a donné
satisfaction à l'une, il en vient une autre, de telle sorte que
l'on ne sait jamais où l'on en est. Cela rend les Français
nerveux. » J'ajoutais dans la lettre que si le prince de
Bismarck voulait une guerre, il devait avoir de bonnes
raisons pour cela, mais que je serais surpris s'il la voulait.
La lettre a été communiquée au prince.

LE PRÉSIDENT. C'était au mois de décembre 1873 ?

LE TÉMOIN. Ou bien en janvier 1874. Du reste, la justesse de mes prévisions sur les dispositions pacifiques du
chancelier n'a pas tardé à être clairement prouvée.

Répondant à diverses questions qui lui ont été adressées
par le président, le témoin déclare qu'il n'a jamais envoyé
à Berlin aucun rapport ni aucune lettre secrète à l'adresse
du chancelier, et qu'il n'a enlevé aucune pièce des archives
de l'ambassade.

Le président prononce la clôture des débats et donne la
parole au procureur du roi.

Le ministère public s'applique à démontrer la culpabilité du prévenu, culpabilité aggravée par la haute situation du comte d'Arnim. Il conclut à l'application d'une
peine de deux ans et demi de prison, sans privation des
droits civils.

Séance du soir.

M. le professeur Holtzendorff, l'un des défenseurs du prévenu, ouvre la série des plaidoiries. Il insiste spéciale-ment sur ce point qu'en l'absence d'un droit public de l'Empire, les éléments de culpabilité échappent à l'appré-ciation du tribunal. Il conclut en demandant un verdict d'acquittement pour son client, dont la lucidité d'esprit a été troublée par des épreuves douloureuses.

AUDIENCE DU 15 DÉCEMBRE.

Le ministère public réplique à M. Holtzendorff. Il main-tient qu'il y a dol dans le fait du comte d'Arnim de s'être approprié des documents appartenant à l'État.

M⁰ Dockhorn, deuxième défenseur du prévenu, s'ap-plique à justifier son client sur les chefs concernant la note publiée par l'*Écho du Parlement*, de Bruxelles, et les révélations de la *Presse* de Vienne. Il reproche au mi-nistère public d'avoir placé le prévenu dans la fraction Kullmann.

M⁰ Munkel, troisième défenseur, argue de la bonne foi de son client, qui s'est cru autorisé à retenir certains docu-ments comme constituant sa propriété particulière. Le comte d'Arnim a pu commettre une erreur, mais il n'y a rien dans sa conduite qui puisse être taxé de dol.

Le comte d'Arnim prend la parole et proteste de son innocence. Il déclare que, si une enquête administrative pouvait être ouverte sur sa conduite, il serait le premier à réclamer cette enquête.

Le président annonce que le tribunal ajourne au 19 dé-cembre le prononcé du jugement.

Le président donne lecture du jugement rendu par le tribunal.

En voici les conclusions :

« En conséquence, le prévenu est convaincu d'avoir, à Berlin, en 1874, avec préméditation, détourné treize documents officiels concernant les questions politico-religieuses, documents qui étaient destinés à être officiellement conservés en un lieu *ad hoc;* délit prévu par l'article 133 du Code pénal.

» Pour la fixation de la peine on a pris en considération comme circonstances aggravantes :

» 1° La haute situation du prévenu et les grands devoirs qui en dérivent;

» 2° L'importance des dépêches de la série n° 1, et le danger qui pouvait naître d'une publicité irrégulière donnée à ces documents.

» Par contre, il a été tenu compte des circonstances atténuantes suivantes :

» 1° La restitution faite, le 28 juin 1874, de plusieurs dépêches, comme il ressort du dossier de la correspondance;

» 2° La libre disposition des archives dont jouissaient depuis longtemps un certain nombre d'agents diplomatiques, fait attesté par une dépêche relative à ce sujet, datée de 1843.

» Les circonstances atténuantes ci-dessus énoncées conservent essentiellement ce caractère; elles ne sauraient exclure l'application d'une peine. La restitution des dépêches n'était que la réparation du dommage causé.

» D'ailleurs des pratiques funestes, par le fait seul

15

qu'elles ont dégénéré en habitude, ne sauraient avoir pour effet de rendre licite ce qui est illicite.

» Enfin, il y avait lieu de tenir compte encore de la détention préventive que le prévenu a subie, par application de l'article 60 du Code pénal.

» Après un mûr examen de l'affaire, le tribunal n'a pas cru devoir ni pouvoir s'approprier le point de départ originaire de l'accusation. Il a considéré que son devoir était de ne prendre pour base de l'évaluation de la peine encourue par le prévenu que l'ensemble des faits acquis au procès.

» Pour tous ces motifs, au nom du roi, le tribunal déclare le comte Harry d'Arnim, ambassadeur impérial allemand, coupable, non pas de soustraction de documents ni d'un délit hiérarchique, mais de délits commis contre l'ordre public. En conséquence, il le condamne aux frais du procès et à un emprisonnement de trois mois, duquel il sera déduit un mois correspondant à la durée de la détention préventive subie par le prévenu.

» De par la justice. »

L'audience est levée.

Le ministère public et M. le comte d'Arnim ont tous deux interjeté appel de ce jugement.

N. B. — Pour le résumé qui précède, nous avons utilisé, outre la sténographie officielle, les comptes-rendus qui ont été publiés par divers journaux. Nous croyons devoir ajouter que nous nous sommes appliqués à mettre en relief les incidents du procès qui avaient une importance politique, nous bornant à résumer brièvement les détails et les faits personnels au comte d'Arnim.

TABLE DES MATIÈRES.

RÉSUMÉ DES DÉBATS.

www.ingramcontent.com/pod-product-compliance
Lightning Source LLC
Chambersburg PA
CBHW070550200326
41519CB00012B/2178